Wie tot bin ich wirklich?

Holger Niederhausen

Wie tot bin ich wirklich?

Ein Diagnostikum

Das Menschenwesen hat eine tiefe Sehnsucht nach dem Schönen, Wahren und Guten. Diese kann von vielem anderen verschüttet worden sein, aber sie ist da. Und seine andere Sehnsucht ist, auch die eigene Seele zu einer Trägerin dessen zu entwickeln, wonach sich das Menschenwesen so sehnt.

Diese zweifache Sehnsucht wollen meine Bücher berühren, wieder bewusst machen, und dazu beitragen, dass sie stark und lebendig werden kann. Was die Seele empfindet und wirklich erstrebt, das ist ihr Wesen. Der Mensch kann ihr Wesen in etwas unendlich Schönes verwandeln, wenn er beginnt, seiner tiefsten Sehnsucht wahrhaftig zu folgen...

1. Auflage März 2023

© Holger Niederhausen · Alle Rechte vorbehalten
Umschlagabbildung: Shutterstock / DudnikPhoto, verändert.
Herstellung und Verlag: BoD – Books on Demand, Norderstedt
ISBN 978-3-7494-3402-2

*Denn eng ist die Pforte und
schmal der Weg, der zum Leben führt,
und wenige sind, die ihn finden.*

- Matthäus 7,14

INHALT

VORWORT

Heute suchen alle das Leben. Man wünscht sich ‚das volle pralle Leben'. Man möchte einen guten ‚Lifestyle' pflegen. Man will lange leben. Man will lebendig sein. Man will einen guten Lebenslauf haben. Jeder weiß, was das Leben ist. Man möchte es mit angenehmen Dingen füllen, um ‚gut' zu leben. Man möchte gelebt haben, bevor man stirbt.

Diese Formulierungen und die daraus sprechenden Bedürfnisse, um nicht zu sagen ‚Begehrnisse', sind allgegenwärtig. Auch sie leben in nahezu jedem Menschen irgendwie. Leben, Leben, Leben. Aber was ist dieses Leben? Und wie sehr lebt man *wirklich*?

Das ist die Frage, die in diesem Buch beantwortet werden soll, in Form eines Diagnostikums – eines Handbuches, mit dessen Hilfe jeder *selbst* beurteilen kann, wie sehr er lebt. Er wird sich vielleicht nicht auf meine Art der Beurteilung einlassen – aber das ist seine Sache. Er wird gesehen haben, wie man die Frage beurteilen *kann*, und wenn er das nicht tun wird, liegt es in seiner eigenen Verantwortung.[1]

Das Leben lässt nicht mit sich spaßen. Es hat seine eigenen Beurteilungsmaßstäbe. Diese kann man entweder erkennen – oder daran vorbeigehen, buchstäblich: vorbei-*leben*. Damit aber würde man zweifellos den größten Fehler seines ... Lebens begehen. Dieses Buch wird also zugleich eine Hilfe sein, ihn möglicherweise noch zu erkennen. Denn aus der Sicht des Lebens ist es eine Wahrheit: Es ist nie zu spät...

---

[1] Es sind hier und im Folgenden stets beide Geschlechter gemeint.

9

FRAGEN

Für eine Diagnostik braucht es die richtigen Fragen. Manch einer, der sich in einer bestimmten Weise ,sieht' und beurteilt, meint, sich genau zu kennen, und irrt doch gewaltig. Früher wiesen Fabeln auf diese Wahrheiten hin. Jemand kann ein berstendes Selbstbewusstsein haben und doch ein ,armer Schlucker' und winziger Geist sein – ein anderer kann sich für völlig unbedeutend halten und aus anderer Sicht doch einen Wert haben, der mit Gold nicht aufzuwiegen wäre.

Ein Arzt kann an winzigen Symptomen eine schwere Krankheit erkennen, die ein Laie für völlig bedeutungslos halten könnte – und was den Laien panisch macht, kann den Arzt völlig ruhig bleiben lassen.

Es braucht also, um die Wahrheit tiefer als dem bloßen Augenschein nach erkennen zu können, eine Erkenntnismethodik. Für den Arzt sind das die richtigen Fragen, die richtige Blicklenkung – und ein Werk, das dieses leisten würde, wäre ein Diagnostikum.

*

Vieles kann man bereits erkennen, wenn man jene einfachen Fragen beantwortet, die einen der sogenannten ,Psychotests' ausmachen. Diese Tests stehen immer unter einer Leitfrage wie zum Beispiel ,Wie gesellig sind Sie?' oder ,Was für ein Kommunikationstyp sind Sie?' und so weiter und so fort. In der Regel kennt man die Antworten schon vorher – dennoch ist es nicht selten aufschlussreich, die Fragen wirklich einmal durchzugehen und zu sehen, was sich daraus ergibt und wo man auf einer Skala, die von einem Extrem zum anderen reicht, eigentlich ,steht'.

Und so wollen wir auch an dieser Stelle einmal mit Fragen beginnen, die tiefer in *unsere* eigentliche Frage hineinführen werden...

Man nehme sich also Zeit, Ruhe und einen Stift und beantworte für sich die Fragen der folgenden Seiten.

1. Haben Sie den Beruf, den Sie sich gewünscht haben?
   ○ ja   ○ nein   ○ weiß nicht

2. Wie oft können Sie Ihr Wochenende genießen?
   ○ fast immer   ○ es geht   ○ selten

3. Besuchen Sie öfter einmal Theater oder Konzerte?
   ○ ja   ○ nein   ○ allenfalls manchmal

4. Wie viele Bücher haben Sie im letzten Jahr gelesen?
   ○ keines   ○ höchstens drei   ○ mehr

5. Haben Sie Kinder?
   ○ ja   ○ nein   ○ nein, aber ich möchte

6. Wie oft haben Sie schon furchtbar spontan gehandelt?
   ○ sehr oft   ○ schon öfter   ○ selten oder nie

7. Haben Sie eine feste Beziehung?
   ○ ja   ○ nein   ○ wie man's nimmt

8. Wie oft gehen Sie spazieren?
   ○ jede Woche   ○ jeden Monat   ○ seltener

9. Wie oft machen Sie richtig Urlaub?
   ○ einmal im Jahr   ○ öfter   ○ seltener

10. Wie oft im Monat haben Sie Sex?
    ○ viermal   ○ öfter   ○ seltener

11. Wie oft sind Sie glücklich?
    ○ (fast) immer   ○ oft   ○ selten oder nie

12. Wie viele sehr gute Freunde haben Sie?

○ einen   ○ mehr   ○ weniger

13. Fragen Sie sich manchmal nach dem Sinn des Lebens?

○ ja   ○ nein   ○ oft

14. Wann haben Sie zuletzt etwas ‚Verrücktes' getan?

○ in diesem Jahr   ○ früher   ○ noch nie

15. Wie selbstbewusst sehen Sie sich?

○ normal   ○ sehr   ○ eher wenig

16. Empfinden Sie sich als religiös bzw. spirituell?

○ ja   ○ nein   ○ weiß nicht

17. Halten Sie sich für politisch engagiert?

○ ja   ○ nein   ○ ein wenig

18. Lieben Sie Kinder (nicht die eigenen)?

○ ja   ○ nein   ○ kaum

19. Wie blicken Sie auf Ihre eigene Schulzeit zurück?

○ positiv   ○ negativ   ○ neutral

20. Können Sie sich an kleinen Dingen freuen?

○ ja, oft   ○ manchmal   ○ selten oder nie

21. Würden Sie sich selbst als empathisch bezeichnen?

○ ja   ○ nein   ○ weiß nicht

22. Finden Sie, die Welt ist bedroht?

○ ja   ○ nein   ○ weiß nicht

23. Ist Ihnen Wohlstand wichtig?

○ ja   ○ weniger   ○ nein

24. Glauben Sie an die große Liebe?

○ ja   ○ nicht wirklich   ○ nein

ANMERKUNGEN

Wir wollen es einmal bei diesen vierundzwanzig Fragen belassen und an die Auswertung gehen.

Wer nun allerdings die übliche Auswertung solcher Tests erwartet hätte, wie man sie aus Zeitschriften kennt, der wird in dieser Erwartung enttäuscht werden. Diese Art der Fremdbestimmung endet hier. Man wird bei jeder Frage engagiert mitdenken müssen. Die Fragen selbst waren nach dem sogenannten ‚multiple choice'-Prinzip gestaltet: in diesem Fall jederzeit dreifache Auswahl – und bei gewöhnlichen ‚Psychotests' hätte sich dann die eindeutige Punkteverteilung, Summierung und eindeutige Ausdeutung angeschlossen ... in der Regel auch wieder in drei Klassen von Beurteilungen nach dem Muster: Sie sind sehr gesellig, kaum gesellig oder aber das übliche Mittelmaß.

Viele Leserinnen und Leser werden schon bei den Fragen mit ihrer grob gestrickten Drei-Antworten-Möglichkeit die Empfindung gehabt haben, dass damit das wirkliche Leben doch wohl etwas zu sehr *reduziert* wird. Diese Empfindung ist zutiefst gesund. Man macht solche ‚Psychotests' möglicherweise manchmal ganz gern, weil man neugierig ist, zu welchem Ergebnis der Test bzw. die Zeitschrift dann kommt – aber im eigenen Inneren weiß man zugleich, dass die Reduktion des Lebens auf jeweils drei Antwortmöglichkeiten eigentlich *armselig* ist. Und genauso armselig und bedeutungslos ist dann in der Regel auch der ganze ‚Test'.

Dies allein schon deshalb, weil er eine Eindeutigkeit *vorspiegelt* – und zugleich eine absolute Fremdbestimmung zelebriert, eine totale Abhängigkeit vom Urteil anderer. Wie es ja überhaupt das Wesen dieser oberflächlichen Zeitschriften ist, die einen zum bloßen Konsumenten *degradieren*. ‚Wussten Sie es schon? Prinz so-und-so hat kürzlich geheiratet. Wir bringen eine Exklusivstory.' Oder: ‚Was Schauspielerin xy über ihr Baby verraten hat.' Oder eben auch: ‚Wie gesellig sind Sie? Dieser Test verrät es Ihnen!'

Millionen von Menschen lassen sich mit diesen Dingen buchstäblich *abspeisen*. Sie entwickeln sich in dieser Hinsicht zu hörigen Individuen, die in vielen Aspekten nicht darüber hinauskommen, von *außen* entgegenzunehmen, wie über diese oder jene Dinge geurteilt werden soll. Wenn ich mir aber von außen sagen lassen muss, wie ‚gesellig' ich bin (zum Beispiel), dann lasse ich mir fast im selben Atemzug auch von außen aufoktroyieren, wie ‚gesellig' man normalerweise eigentlich auch zu sein *hat* – wenn man jedenfalls nicht deutlich von der Normalität abweichen will.

Selbst wenn man diese Tests nicht so ganz ernst nimmt, suggerieren sie einem fortwährend, dass es Normen gibt und dass alles, was davon abweicht, schon nicht mehr ganz normal ist. Diese Tests sind also weit mehr als nur ein unterhaltsames Mittelchen, mal ein bisschen herauszufinden, wo man mit diesem oder jenem ‚steht'. Sie sind fortwährend ein subtiles Signal, das einem suggeriert: ‚Du machst es im Großen und Ganzen schon richtig', oder: ‚Wow, du bist ein Supertyp!' Oder: ‚Da besteht noch Verbesserungsbedarf...' Es ist eine fortwährende *Normierungssuggestion*. Nicht anders als die Noten in der Schule. Und wir sind von diesen Dingen *umgeben*. ‚Psychotests' sind auch nur die Spitze des Eisberges.

Dem wollen wir uns also *nicht* unterwerfen. Es wäre wohl auch das Letzte, wenn sich das Leben in ‚Multiple-Choice-Fragen' einfangen ließe und dann sogar noch eine ebenso einfache *Auswertung* möglich wäre! Wäre dies das Leben, so würde es sich überhaupt nicht *lohnen*, gelebt zu werden. Und möglicherweise haben sehr viele Leserinnen und Leser diese Empfindung schon zu Beginn der Fragen gehabt.

Und wenn nicht *bewusst*, so zumindest unbewusst. Wir haben ohnehin sehr viele unbewusste oder nur halb bewusste Empfindungen. Man denke nur einmal an die fortwährend leise viele Leben begleitenden *Enttäuschungen*. Dieses Gefühl, sich im Grunde nur wie ein Rädchen im Getriebe zu empfinden – und vom Leben oder der Welt, wie sie ist, eigentlich *übergangen* zu werden.

Die ganze Werbung und vieles in der übrigen Welt suggeriert einem, man müsse doch glücklich sein – und was man eigentlich ‚habe', so ein ‚Miesepeter' zu sein oder dahin zu tendieren. Diese ‚Botschaften' führen dann dazu, dass man seine leisen oder auch weniger leisen Gefühle in dieser Richtung unterdrückt, sich an sie ‚gewöhnt' oder wie auch immer zunehmend weniger bemerkt. Man legt sich vielleicht einen Panzer zu, und sei es nur einen Panzer der Gewöhnung oder der Resignation.

Und so kann es ganz leicht sein, dass man solche Empfindungen nicht bemerkt, *obwohl sie da sind*. Empfindungen wie jene, dass so ein Test doch eigentlich ein furchtbares Instrument der *Fremdbestimmung* und der *Reduktion* der Wirklichkeit auf etwas viel zu Banales ist. Genauso banal wie das Fernsehprogramm, dessen Banalität man auch nicht mehr wirklich bemerkt – aber tief in den Untergründen der Seele doch sehr, sehr deutlich empfindet. Aber es tritt eben nicht mehr wirklich bis über die Schwelle des Bewusstseins. *Da* ist es jedoch trotzdem, sogar sehr, sehr intensiv. Intensiv und doch nicht wirklich bemerkt...

Im Grunde ist ein Großteil der Welt darauf angelegt, die Seelen fremdzubestimmen. Das beginnt schon mit jedem Konsum, wirklich jedem, sogar dem sehr, sehr angenehmen. Wenn ich von Nachrichten zugeschüttet werde; wenn mir die Schlagzeilen entgegenschlagen; wenn überall Werbung aufflackert; wenn am Bildschirm die Angebote, was man anklicken könnte, nur so hageln; wenn einem die Fernsehzeitung für jede Minute des Tages auflistet, was man konsumieren könnte; wenn die Zeitschrift voll ist mit Texten und Storys und sogar ,Psychotests', durch die man sich ,besser kennenlernen' soll – und es nimmt ja kein Ende... Die Schaufenster sind voll mit Angeboten, die Ampelpfähle der Großstädte mit Kleinanzeigen. Und im Grunde lautet die oberste Suggestion, die aus alledem hervorgeht:

Wenn Du nicht KONSUMIERST, *lebst Du nicht!*

Und wir alle haben diese Botschaft aufgenommen. Und wir alle leben ein Stückweit unter ihrer Diktatur. Die einen konsumieren brav, was das Fernsehen bietet. Die anderen klicken wie wild durch das Internet – oder durch Nachrichten und anderes auf ihrem Smartphone, das sie im Grunde nicht zwanzig Minuten aus den Augen lassen können. Allein schon dies ist eine Erscheinung, die die ,Konsumeritis' bis fast ins Unendliche gesteigert hat, wenn man es mit nur fünf, zehn Jahren zuvor vergleicht.

Und wir sind auch anderweitig abhängig vom Urteil der Außenwelt. Auf den ,sozialen Netzwerken' wollen wir ,gemocht' werden – oder noch oberflächlicher: ,geliked'. Wir wollen ,dazugehören'. Wir wollen uns eine Meinung bilden und schielen doch danach, was *andere* denken und finden und schreiben und liken und posten und teilen und, und, und... Geht es eigentlich noch um die Wahrheit? Oder geht es nur noch um eine ,Schwarmintelligenz' – dieses monströse Phänomen absoluter *Fremdbestimmung*?

Wo das Leben nicht zu finden ist

Manchmal hilft das ‚Gegen-den-Strom-Schwimmen', um herauszufinden, ob man dazu überhaupt noch *in der Lage* ist – oder ob man eigentlich nur noch mitmachen kann, was eben gemacht wird: von anderen. Nur scheinbar das Gegenphänomen ist dasjenige, was seit kurzem aus allen Löchern kriecht: das Phänomen der sogenannten ‚Verschwörungstheorien'.

Scheinbar als *der* Modus des ‚Gegen-den-Strom-Schwimmens' geboren, ist es auch nur ein billiger Abklatsch eben jenes anderen – der Fremdbestimmung. Denn auch da, wo man glaubt, die ultimative Erkenntnis aufgetan zu haben, während alle anderen noch ‚blind' sind, ist man längst aufgesogen von einem Dogma und einer sich selbst immunisierenden Gewissheit, die in ihrer Armseligkeit nur deshalb nicht auffällt, weil man sich ja für ‚auserwählt' hält – auserwählt, die ‚Wahrheit' erkannt zu haben, im Gegensatz zu allen anderen.

Aber was heißt ‚zu allen anderen'? Denn auch die ‚VT-ler' (Verschwörungs-Theoretiker) sind ja – welch Zufall! – eine ‚Community'. Auch sie bilden ja einen mächtigen Strom, der sich nur deshalb als auserwählt vorkommt, weil der Strom des ‚Mainstream' (Hauptstrom) ja immer größer ist. Das gehört ja geradezu zur Definition: Der Hauptstrom der Blinden und Dummen ist gigantisch – und nur man selbst ist mit einigen wenigen anderen erleuchtet über die ganzen Verschwörungen und Manipulationen, die überall lauern und wirken.

Das tun sie zwar – aber die Verschwörungstheoretiker manipulieren die Manipulationen ins Gigantische und haben sich dazu verschworen, die Verschwörungen als einzigen Weltinhalt zu verabsolutieren, ferner, sich als Auserwählte auserwählt zu haben, während die übrige Welt in Dummheit versinkt und verrottet. So haben die ‚VT-ler' ihren eigenen Mainstream geschaffen – jenes Narrativ, dem *sie* anhängen, in einem breiten und immer breiteren Strom... VT-Mainstream eben.

So, wie es ‚hip' ist, irgendwann mal gekifft zu haben oder mal einen Vollrausch gehabt zu haben – und andere Dinge mehr –, ist es in gewissen Kreisen auch ‚hip', sich als einzigen ‚Durchblicker' zu sehen, mit wenigen anderen, die nun die eigene ‚Community' sind, die man zeitlebens auch nicht mehr verlassen wird, in die man sich immer weiter hineinsteigert – wie übrigens auch in eine Sekte. Und auch die ‚Sektler' fühlen sich ja *auserwählt*.

Mit ‚Gegen-den-Strom-Schwimmen' haben Verschwörungstheorien nach kurzer Zeit *gar nichts* mehr zu tun. Eher nur mit einer gigantischen Selbstbestätigung. Viele ‚VT-ler' sind einerseits vom Leben enttäuscht und besitzen andererseits ein gigantisches Selbstbewusstsein – ein *aufgeblasenes* Selbstbewusstsein, das vor allem mit Narzissmus zu tun hat. Und die ‚Verschwörungstheorien', denen sie jeweils anhängen, liefern ihnen die dringend nötige Identifikationssubstanz, die das übrige Leben ihnen vorenthalten hat. Nun können sie sich auf einmal *an der Spitze* empfinden – sind sie es doch, die alles durchschauen, während alle anderen dumpf vor sich hinvegetieren... Nur der ‚VT-ler' lebt wirklich! Mutig, geradezu heroisch – als einziger Verteidiger der Wahrheit...

Während also die erste Art von Menschen in bloßer Fremdbestimmung erstarrte (Konsum über Konsum), blicken ‚VT-ler' hinter die Kulissen und sind so gesehen durchaus aktiv, aber das erlahmt in der Regel schnell und erstarrt zu einer *Pseudoaktivität* – indem nun ebenso konsumiert wird wie auf der anderen Seite, nur eben in ‚Alternativmedien', die einem die nunmehr ‚richtige' Weltsicht ebenso bestätigen. Schöpferisch gedacht oder geprüft wird auch da nichts mehr, nun setzt das Denken in der *anderen* Richtung aus, indem alles automatisch richtig ist, was die eigene, ‚hinter die Kulissen schauende' Meinung bestätigt, wie absurd es auch sein mag. Der ‚Verschwörungstheoretiker' erstarrt zum bloßen Gegenbild des ‚Mainstream-Gläubigen'. Auch er ist gläubig, nur in polarer Richtung. Auch er hat sein ‚Heil' gefunden – es sind die Verschwörungstheorien aller Couleur. Für den ‚VT-ler' kann es davon gar nicht genug geben, sind sie doch sein Lebenselixier! Ohne sie würde er ja verhungern und verdursten. Deswegen sucht er ständig neues ‚Material' – so, wie der Drogensüchtige ständig neuen ‚Stoff' sucht. Ohne ständig neue Verschwörungstheorien würde für den ‚VT-ler' seine Welt zusammenbrechen. Sie würde quasi implodieren. Das darf nicht sein – also wird das ‚Netz' fortwährend durchscannt, oder man hat praktischerweise seine Lieblingsseiten, die einem die ‚echte Wahrheit' ganz simpel frei Haus liefern. Der ‚Mainstream' der ‚VT-Szene'. So schnell geht das...

*

Ich kann den Leserinnen und Lesern allerdings noch ein anderes Phänomen nicht ersparen, denn es gibt noch eine weitere Sekte. Das sind die, die sich gar nicht für VT-ler halten und trotzdem sehr, sehr ähnlich ‚ticken', auch wenn sie es nicht glauben.

Ich möchte diese Menschen einmal ‚Ultrarationale' nennen. Es sind Menschen, die sich zutiefst aufgeklärt vorkommen, dabei aber vor Seelenkälte und Selbstbezug nur so strotzen. Sie blicken voller Verachtung auf all jene, die ‚weniger intelligent' sind als sie. Selbstverständlich bemisst sich auch hier der Intelligenzgrad der anderen an dem Maß, wie man die Welt in gleicher Weise ‚durchblickt' hat wie sie selbst.

Es kann sich durchaus um Menschen mit traditionell linken Überzeugungen handeln. Aber während echte Linke auch ihr Herz ‚am rechten Fleck' haben, sind die ‚Ultrarationalen' extreme Kopfmenschen, und mit ihrem kalten Intellekt kann nur ihr extremer Selbstbezug mithalten. Ein Mensch von dieser Art schrieb mir etwa:

> Da sieht jemand beispielsweise nett aussehende, bunte Vögel auf einer Wiese, die zum Wohle der Arterhaltung in der Natur rumpicken. Die Wahrheit sieht etwas anders aus. Die netten Vögel fressen Frösche, Insekten und Würmer bei lebendigem Leib. Fressen und gefressen werden auf der Mörderwiese.

Diese Sicht auf die Wirklichkeit nannte er ‚analytische Bestandsaufnahme' und kam sich ungeheuer intelligent dabei vor! In einer solchen, nihilistisch-satten inneren Haltung liegt keinerlei Zukunftsimpuls mehr. Sie ist innerlich tot, und bezeichnenderweise meinte er, gleichsam nach Art eines umfassenden Axioms darauf hinweisen zu müssen, dass *das Leben egoistisch* sei. Solche altklugen Sprüche kann ‚MediaMarkt' besser: ‚Geiz ist geil', das ist dann die ultimative Losung, die Verherrlichung des modernen Autismus.

Derselbe Mensch hielt auch die Sorge um das Klima für die ‚irrationale Besorgnis einer sich maßlos überschätzenden Menschheit', war also der Meinung, dass der Planet schon ganz andere Dinge erlebt hat und dass der Mensch das Klima überhaupt nicht nennenswert beeinflusse – und wenn doch, wen interessiert's? Die egoistische Natur passt sich an *alles* an. Den besten Umweltschutz sah er in einer deutlichen Reduzierung der Weltbevölkerung, während er sich fragte, ‚warum jemand überhaupt Kinder bekommen möchte'. Daraufhin sprach er von der Verdummung der Jugend, die nicht einmal mehr Uhren mit Zifferblättern lesen könne, und einer extremen Verfettung der Menschen. Daneben schien er selbst einer zentralen Rolle des Sexuellen das Wort zu reden.

Dieser Mensch sah sich als Wissenschafter, genauer gesagt, Physiker – und er fühlte sich in Sachen Erkenntnis und freier Entfaltung der eigenen Persönlichkeit seiner Umwelt ganz offensichtlich haushoch überlegen. Es ist ein regelrechter *Menschentypus*, denn solche Menschen gibt es viele. Menschen, die im Grunde überhaupt keine tieferen Empfindungen mehr haben, weil alles, wirklich *alles* von ihrer kalt-abstrakten Weltsicht überlagert wird. Entlarvend war sein regelmäßig wiederkehrender, hochmütiger Spruch am Ende seiner Mails: ‚Es werde Licht'. Arroganter kann man die eigene Aufgeklärtheit, die man allen anderen angeblich voraus hat, nicht verkünden.

Dieser Menschentyp hat den Egoismus wirklich *zutiefst* verinnerlicht, hält sich dennoch für konstruktiv und sozialverträglich und merkt gar nicht mehr, wie gefühlskalt er sein Leben zubringt, weil die *Arroganz* alles andere überstrahlt. Auf andere Sichtweisen geht er überhaupt nicht ein. Er ist ja bereits an der Erkenntnisspitze, warum sollte er?

Dieser Typ Mensch *meint*, wertfrei zu beobachten und zu analysieren, aber die eigene Arroganz und der eigene Nihilismus prägen bereits alles – so auch die zutiefst selektive Wahrnehmung, die wiederum dazu verhilft, sich haushoch von der ‚strohdummen' und ‚hyperverfettenden' Menschheit abzugrenzen. Es ist eine *selbst* zutiefst dekadente Weltsicht, die es geradezu liebt, mit dem ‚allgegenwärtigen Niedergang' zu kokettieren – und sich an der einsam-heroischen Erkenntnis dieser angeblichen Untergangsszenarien geradezu ‚aufgeilt'. Der Blick auf die Natur sieht nur noch sich zerfleischende Individuen, der Blick auf die Menschheit nur verfettende Dummlinge. Wer so blickt, ist *selbst* tief dekadent.

Als angeblicher Wissenschaftler sieht er wie durch eine riesige Lupe nur das Negative oder nur die alleräußerste Schicht –

im Grunde die *Porno*-Variante von allem. Er sieht nicht die Schönheit und Eleganz in der Natur, die Weisheit, das unendlich Vernetzte und voneinander Abhängige, die wundervolle Magie des *Lebens* ... sondern nur das Nackte, Rohe, das Morden, Fressen und Gefressenwerden. Obszöne, nichtssagende nackte Realitäten. Aber er selbst, dieser Typ Mensch, ist es, der sein Auge und sein Denken so nackt und brutal gemacht hat wie einen Pornofilm – und nun in ‚aufgegeilter Nüchternheit‘ meint, im Gegensatz zu allen anderen die Realität voll erfasst zu haben. Die wahre Wirklichkeit wird aber nur mit *liebevollem* Blick erkannt. Ein Wissenschaftler, der seinen Blick so reduziert, dass er zur *Porno*-Variante der Wahrnehmung wird, der zelebriert eine Haltung, die nur eines ist: die Fettschürze im *Denken*. Dekadenz pur.

Und als Beweis dafür, dass romantische Liebe nur ein Konstrukt sei, führt der Wissenschaftler an – Affen und die griechische Sklavenhaltergesellschaft, in der die Ehefrau zwar der Sicherung von Nachwuchs und Erben diente, aber nicht geliebt wurde. Nicht etwa wertfrei, sondern geradezu als fast offenes Ideal! Da sehen wir, wo die ‚Werte‘ dieser dekadenten Ego-Haltung liegen. Die Intelligenz des Wissenschaftlers ist also nur dafür gut, zu erkennen, dass im Grunde schon die *Affen* die Spitze der Evolution sind – denn die Bonobos ‚treiben es im Durchschnitt alle eineinhalb Stunden‘.

Man muss sich tief klarmachen, dass dieser Typ von Menschen sich höchst lebendig fühlt – denn er sieht sich ja als ‚die absolute Vorhut menschlicher Erkenntnis‘. Aber er ist innerlich so tot wie nur irgendetwas – denn er hat das Menschliche auf eine *Porno*-Existenz reduziert. Und mit diesem Blick blickt er auf alles. Da ist nichts mehr von Wert. Wo soll ein solcher Wert auch herkommen bei ‚wertfreier‘ Wahrnehmung. Die Natur als ‚Mörderwiese‘, die höchste Stufe der Menschheit – es den Bonobos gleichzutun... Seelischer Tod, denn die

Bonobos haben auch keine Seele. Seelische *Fettschürze.* Absolute Dekadenz. Die sich noch dazu maßlos überschätzt – was sie gerade der übrigen Menschheit vorwirft!

In einer solchen Haltung kann sich nur Arroganz, Reduktionismus, Nihilismus und Egoismus ausleben. Es ist die natürliche Konsequenz eines solchen Blickes, der sich ,wissenschaftlich' dünkt. Es ist letztlich die *Tierstufe* des Lebens. Auch der Intellekt ist tierisch geworden,[2] von einer vulgären Arroganz, die alles mit der ,Mörderwiese' gemeinsam hat, die er (,wertfrei') wahrzunehmen glaubt. Ohne Werte wird aber das Leben selbst wertlos. Es vegetiert nur noch dahin – in gewaltigster Selbstüberschätzung, in Arroganz und in der Idealisierung von *Affensex.*

---

[2] Man möge spüren, dass hiermit *die Tierwelt selbst* gerade nicht abgewertet, sondern nur die Dekadenz des Menschlichen erlebbar gemacht wird. Denn für die Tiere ist die ,Tierstufe' die echte Wirklichkeit – und eben auch überall von heiliger Weisheit durchdrungen. Sie hat nichts, was man herabwürdigen sollte, im Gegenteil. Aber der *Mensch* auf dieser Stufe wird zur absoluten Karikatur, zu etwas tief Hässlichem in seinem ganzen Denken, Fühlen und Blicken. Das Tier ist geradezu edel in seinem Gefangensein in den Instinkten seiner Art. Der Mensch als das zur Freiheit bestimmte Wesen gerät in die absolute Dekadenz, wenn er statt seiner Freiheit ... einen ,tierischen' Blick verwirklicht...

EINE AUSWERTUNG

Nun aber wenden wir uns wirklich der Auswertung der gestellten Fragen zu.

1. Haben Sie den Beruf, den Sie sich gewünscht haben?

Natürlich würde man bei einer bejahenden Antwort vermuten, dass solche Menschen ‚mehr' leben als jene, die sich in einem anderen Beruf ‚herumquälen' müssen. Aber die Frage ist unfair – denn heute kann man nur sehr bedingt etwas dafür, wie man letztendlich seinen Lebensunterhalt sichern muss, muss man doch schon zufrieden sein, ihn *überhaupt* sichern zu können.

Will man nur denen höchstes ‚Leben' zusprechen, die ‚Glück' hatten? Auch wer seinen Wunschberuf getroffen hat, kann innerlich erstarren – und auch, wer auf anderem Felde tätig sein muss, kann diesem etwas abgewinnen und seine Tätigkeit mit Menschlichkeit und Freude füllen. Das Glück in der Berufswahl ist kein ausschlaggebendes Kriterium für ‚Leben'.

Gleichwohl aber ist unser gegenwärtiges kapitalistisches System ein gewaltiges Kriterium *gegen* das Leben. Denn es ist auf Konkurrenz, Egoismus und Kampf gerichtet – nicht auf ein menschliches, brüderlich-geschwisterliches Zusammenleben, wie es schon in den Idealen der Französischen Revolution anklang, ebenso lange zuvor in den urchristlichen Gemeinschaften.

Obwohl der Kapitalismus einen materiellen Wohlstand ohnegleichen hervorgebracht hat, ist die Qualität des Lebens in diesem *Terrorsystem* des Mammon zutiefst zweifelhaft. Und dass die Menschheit es zweitausend Jahre nach Christus noch nicht vermocht hat, sich von diesem unheilvollen System zu verabschieden, zeugt von ihrer Geringschätzung für das Geheimnis des Lebens...

2. Wie oft können Sie Ihr Wochenende genießen?

Dies ist zunächst ein durchaus wesentliches Kriterium für die Frage nach dem Leben. Wenn man das Wochenende nicht genießen kann – bleibt dann überhaupt noch Leben übrig? Andererseits gibt es vielleicht Menschen, die zwischen Woche und Wochenende gar nicht so sehr trennen, weil sie auch die *übrige* Woche genießen und leben... Und umgekehrt ist nicht jedes Genießen gleichwertig. Die Frage ist, was versteht man unter Genuss? Und ... ist ‚Genießen' gleich Leben? Vielleicht setzt sich jemand am Wochenende für andere Menschen ein und würde das, was ihn in dieser Tätigkeit erfüllt, mit ganz anderen Begriffen bezeichnen als ‚Genießen'? Wir sehen also, dass auch diese Frage nicht notwendigerweise zielführend sein muss.

3. Besuchen Sie öfter einmal Theater oder Konzerte?

Auch diese Frage ist nicht unwichtig. Es gibt Menschen, die leben ihr Leben lang an der großen Welt der Kultur vorbei. Kultur kann die Seele tief bereichern. Andererseits ... erschöpft sich Kultur nicht in Theateraufführungen oder Konzerten. Und Konzerte können auch zum Selbstzweck werden. Manch einer aus der ‚High Society' besucht Konzerte nur für das ‚Sehen und Gesehenwerden'. Und auch Theateraufführungen haben eine ganz unterschiedliche Qualität. Oft muss heute alles ‚modern' erscheinen – wie sehr klassische Stücke dadurch regelrecht zutiefst *verhunzt* werden, ist oft gar nicht in Worte zu fassen. Auch diese Frage sagt also nur sehr bedingt etwas über die Frage nach dem Leben aus.

4. Wie viele Bücher haben Sie im letzten Jahr gelesen?

Bücher, die Welt der Literatur – das ist ein ganzer *Kosmos*. In Büchern begegnet man anderen Geistern, den höchsten Ideen der Menschheit, etwas, was einen zutiefst beflügeln kann ... oder auch absolutem Mittelmaß und sogar Dekadenz. Auch hier ist die Frage: *welche* Bücher? Solange diese nicht beantwortet ist, kann man vom Leben kaum sprechen. Allzu oft sind auch Bücher nur Teil jener *Konsumwelt*, die den Menschen ... zum bloßen Konsumenten macht. Ein solcher *wird* aber eher gelebt, als dass er selbst lebt, so gern er sich auch so sehen möchte. Also nicht einmal nur auf die Bücher kommt es an, sondern auch *wie* man sie liest...

5. Haben Sie Kinder?

Kinder können eine tiefe Erfüllung sein – Jahre tiefen Glückes bedeuten, das jemand, der keine Kinder hat, nie kennenlernen wird. Aber nicht jeder erlebt dieses Glück. Viele Menschen wissen gar nicht, wie man zu diesem Glück kommt. Manche Menschen betrachten Kinder noch immer als Statussymbol. Als Wesen für die eigene Selbstbespiegelung. Oder als noch anderes. Nicht wenige Menschen würden sich im Rückblick ‚nicht noch einmal so entscheiden' – für Kinder. Für diese hat die Frage nach dem Leben in Zusammenhang mit Kindern offenbar eher eine ‚Negativbilanz'. Die Frage nach dem Leben bleibt also auch hier geheimnisvoll offen...

6. Wie oft haben Sie schon furchtbar spontan gehandelt?

Diese Frage scheint mit dem ‚Leben' geradezu innig verbunden zu sein. In vielen Filmen beginnt erst mit der ersten spontanen Handlung das wirkliche Leben. Das ist immer dann der Fall, wenn vorher das Leben geradezu *verschüttet* war – von Pflichten, von Gewohnheit, von äußeren Vorgaben, äußeren, verinnerlichten Urteilen und so weiter und so fort. Wir können uns ein regelrechtes *Gefängnis* bauen – oder es wird für uns gebaut. Spontaneität kann hier etwas aufbrechen, was das Leben geradezu erstickt...

Andererseits kann Spontaneität auch zu einem Selbstzweck verkommen – zu einer Art ,Genuss-Modus'. Man nimmt dann auf jeden Fall zunächst alles ,mit', worauf man ,Lust hat'. Ob man hiermit zu den ,Quellen des Lebens' vorstößt, ist zu bezweifeln. Als Ausbruch aus einem seelischen Gefängnis kann Spontaneität eine regelrechte Befreiung sein. Als Lebensart kann sie tief authentisch wirken. Aber in welche Tiefen sie *wirklich* reicht oder nicht reicht, ist damit noch nicht gesagt. Letztlich kann nämlich auch der sehr spontane Typ Mensch recht oberflächlich bleiben. Was bedeutet das dann für das ,Leben'?

7. Haben Sie eine feste Beziehung?

Eine feste Beziehung kann alles heißen. Sie kann etwas über die Treuekraft eines Menschen sagen – oder aber über seinen mangelnden Mut, sich von einer längst falschen Beziehung zu lösen. Wer aber *keine* feste Beziehung hat, kann auch Angst haben, ,sich zu binden'. Die Frage ist: Was ist heute wohl vorherrschender? Die Frage nach der Beziehungsfähigkeit eines Menschen hat sicherlich viel mit der Frage nach dem Leben zu tun – aber jene, ob er im Moment des Gefragtwerdens gerade eine feste Beziehung habe, sagt letztlich sehr wenig aus. Vielleicht wünscht sich jemand auch eine solche, hat aber den Menschen seiner Sehnsucht noch nicht gefunden.

8. Wie oft gehen Sie spazieren?

Diese Frage umfasst vieles. In ihr liegt allein schon die Frage, wie fähig man ist, *Muße* zuzulassen. Aber natürlich muss man dann auch diese Art der Muße lieben. Denkt man sich die Möglichkeit hinzu, in der Natur spazieren gehen zu können, berührt die Frage indirekt auch jene, wie sehr man die Natur liebt. Diese Frage ist durchaus wesentlich – ebenso wesentlich wie die der Muße. Und obwohl vielleicht die wenigsten Menschen öfter spazieren gehen, erweist sich so diese unscheinbare Frage als sehr tiefgründig.

~ · ~

Wir werden auf dieses Tiefgründige noch kommen. Manchem mögen die zunächst noch recht kurzen Gedanken zu jeder einzelnen Frage wie selbstverständlich vorkommen, aber so sollte man sie keinesfalls lesen. Man sollte sie nicht wie eine ‚Belehrung' lesen, sondern *selbst* in die Gedanken eintauchen, die so verdichtet sind wie ein Konzentrat. Wenn sie einem dadurch trocken und abstrakt erscheinen, belebe man sie innerlich, indem man wirklich real und regsam *mitdenkt*, was alles mit darin liegt, ohne ausgesprochen zu sein. Es liegt sehr vieles darin – und man übergehe dies nicht durch eigene *Inaktivität*. Man überwinde jegliche ‚Konsumhaltung' und denke, fühle und erlebe so intensiv mit wie nur möglich.

Gehen wir also gemeinsam weiter und wenden uns den noch folgenden Fragen zu...

~ · ~

9. Wie oft machen Sie richtig Urlaub?

Auch diese Frage berührt den Aspekt der Muße, der Erholung, die *notwendig* ist, wenn man von ‚Leben' sprechen will. Aber in ihr liegt auch etwas Schmerzliches. Denn viele Menschen sind in das kapitalistische System so *eingespannt* und haben zugleich so wenig Geld zur Verfügung, dass sie nie den Urlaub machen können, den sie wirklich machen wollen würden und auch verdient hätten... Während umgekehrt der Urlaub derer, die ihn sich leisten können, höchst unterschiedlicher Qualität sein kann. Wäre der Urlaub auf einer Luxusyacht ‚Leben'...?

10. Wie oft im Monat haben Sie Sex?

Diese Frage ist vielleicht so kontrovers wie kaum eine andere. Sexualität kann beglückend sein, insbesondere wo sie mit Liebe verbunden ist. Aber schon die Frage reduziert diese Sexualität auf das abstrakte, modern gewordene Substantiv. Was *ist* ‚Sex'? Ist es das, worauf sich die postmoderne Gesellschaft ‚geeinigt' hat, dass man es ‚haben' sollte? Jeder, der noch ein halbwegs gesundes Empfinden hat, weiß, dass dieser intimste Bereich des menschlichen Lebens etwas ist, was ein aus bloßen drei Buchstaben (!) bestehendes Wort weit, weit übersteigt – und doch wird dieses Wort immer und immer wieder benutzt, wie eine Art magisches Instrument, um etwas unglaublich Tiefes auf etwas unglaublich Handhabbares zu *reduzieren*.

Es ist wie ein Schlüsselphänomen, das zeigt, wie der abstrakte Verstand die Dinge entheiligt – um sie völlig ungefährlich in seine Hand zu bekommen. Es ist eine Profanisierung, die nicht ohne Wirkung bleibt. Eine Profanisierung, die sich ihre eigene Wirklichkeit *schafft*. Denn viele Menschen kennen tatsächlich das Tiefere und Umfassendere nicht mehr – sondern kennen tatsächlich nur noch dies: Sex. Wir *armselig* das Leben dann wird, davon machen sie sich keine Vorstellung, manche halten sich sogar überhaupt erst für aufgeklärt, wo sie sich in der Profanisierung suhlen können. Mit Leben hat das nichts mehr zu tun, vielmehr mit Totheit, mit einem Sterben von etwas...

11. Wie oft sind Sie glücklich?

Diese Frage ist von völlig anderer Qualität als die nach der ‚Häufigkeit von Sex pro Monat'. Die Frage nach dem Zustand des *Glücklichseins* ist wohl der nach dem Leben so nah wie nur irgendeine. Man kann sagen: Wer wahrhaft glücklich ist, der *lebt* in diesem Moment auch in einer tiefsten Weise. Der Zustand des Glücklichseins schützt sich selbst, denn er entzieht sich schnell denen, die seiner nicht würdig sind.

Was keineswegs heißt, dass jene nicht würdig wären, zu denen er gar nicht ‚kommt'. *Wenn* er sich aber einstellt, ist er sehr zart und verletzlich und auf keine einzige Weise ‚konservierbar'. Das ist auch unmöglich, denn dann könnte er *Gewohnheit* werden, was aber ein Widerspruch in sich ist. In gewisser Weise ist dieser Zustand gerade dadurch ‚definiert', dass er die Ausnahmen bezeichnet. Ausnahmemomente.

Aber ist auch dies nicht wieder nur die Sicht einer Leistungsgesellschaft, die alle verinnerlicht haben? Nein. Es gibt sehr wohl Menschen – Ausnahmemenschen –, die den Zustand bewahren können. Man könnte sie Weise oder Lebenskünstler (!) nennen. Wobei aber ‚innerer Frieden' mit dem Zustand des Glücklichseins zwar verwandt, aber nicht deckungsgleich ist. Glück ist mehr, noch mehr, und darum noch seltener.

Aber, nun umgekehrt gefragt: Was ist mit denen, die von sich *nicht* sagen können, dass sie glücklich wären? Leben sie etwa nicht? Ist Glück *synonym* mit wahren Lebensmomenten? Was wäre, wenn ein Mädchen sich tiefe Gedanken um die Welt machen würde und daran leiden würde, wie diese Welt heute gestaltet ist? Wenn sie im Grunde aus einer tiefen *Empathie* heraus unglücklich wäre? Würde sie nicht vielleicht in einer noch viel tieferen Weise leben als all die ‚Glücklichen'?

Lassen wir uns von Fragen dieser Art einmal berühren. Wir wollen sie nicht vergessen, auch wenn wir weitergehen...

12. Wie viele sehr gute Freunde haben Sie?

Eine Frage, an der sich die Geister scheiden – wodurch sofort deutlich wird, dass sie letztlich nicht viel aussagen kann. Es gibt Menschen, die mit voller Überzeugung sagen: *Ein* guter Freund wiegt alles andere auf. Und das ist auch so – warum sollte es je anders sein? Dennoch sind sehr gute Freunde in der Mehrzahl auch etwas Wunderbares. Aber über die Frage nach dem *Leben* sagt es zunächst nichts Sicheres aus, wie viele sehr gute Freunde man hat. Man kann mit sehr vielen Freunden ein sehr oberflächliches Leben führen – und man kann ganz ohne Freunde ein Leben führen, von dem niemand etwas weiß...

Viele Fragen berühren immer wieder statistische Wahrscheinlichkeiten. Aber da der einzelne Mensch keiner Statistik gehorcht, können sie eigentlich nie Aussagekraft beanspruchen. In der Zusammenschau von zwei Dutzend Fragen ist dies wiederum anders – da mag sich am Ende durchaus ein Gesamtbild herauskristallisieren. Aber darum geht es jetzt nicht so sehr, sondern mehr darum, das *Vielschichtige* jeder Frage wirklich empfinden zu können – denn *dies* ist es, was uns weiterführen wird, nicht irgendein ‚Testergebnis'. Wir brauchen die Substanz jener Gedanken und Empfindungen, die wir im Zusammenhang mit jeder Frage haben können. *Diese* sind das Wesentliche.

13. Fragen Sie sich manchmal nach dem Sinn des Lebens?

Jetzt wird es interessant, ebenfalls wesentlich. Wieder scheiden sich die Geister. Manche sagen: ‚Einen Sinn *gibt* es nicht, also ist es auch sinnlos, sich danach zu fragen – Zeitverschwendung.' Man muss sich jedoch fragen: Aufgrund welcher hochmütigen Annahmen kommen sie zu dieser so selbstgewissen Sicherheit? Etwa, weil die 'Wissenschaft' noch nirgendwo einen Sinn 'gefunden' hat? Nun – sie hat auch nirgendwo eine 'Seele' gefunden. Nirgendwo eine 'Gottheit'. Ist sie darum objektiv?

Klammern sich die 'Sinnsucher' an 'Konstrukte', die sie lieber heute als morgen aufgeben sollten, um in der *Realität* anzukommen? Oder kann die Wissenschaft einfach nie die ganze Realität erfassen, weil es für manches – vielleicht das Entscheidende – einfach keine äußeren Messinstrumente gibt und nie geben wird? Aber was, wenn bereits die Sinnfrage eine Art Beweis für die Existenz von Sinn wäre? Nicht etwa die vergebliche Suche endlicher Wesen nach Transzendenz, sondern ein *Beweis* für diese Transzendenz – denn wie könnte bloße Materie je nach Sinn fragen? Und wie könnte etwas Endliches sich je nach Unendlichkeit sehnen, woher hätte es überhaupt diesen *Begriff*?

Nur der Geist kann die Unendlichkeit denken – aber damit hat er bereits *Anteil* an ihr. Materie kann den Geist nicht hervorbringen, es ist einfach ein *Kategorienfehler*, dies auch nur zu denken. Ebenso wie es ein solcher Kategorienfehler ist, anzunehmen, die Liebe existiert nicht, nur weil sämtliche Messinstrumente der Welt sie nicht 'detektieren' können. Die Liebe ist schlicht etwas *jenseits* all dieser Instrumente. Und so, wie kein Instrument je Liebe hervorbringen könnte (es kann sie ja nicht einmal messen!), so kann auch die Materie nie den Geist hervorbringen, *der aber existiert*.

Wir lassen die hiermit aufgeworfenen Fragen zunächst auf sich beruhen und wenden uns der Frage zu, was die anfängliche Frage *aussagen* kann über das 'Leben'. Sollte es so sein, dass geistige Wesen nach dem Sinn fragen *müssen*, weil diese

Frage für geistige Wesen eine alles entscheidende ist, so würden jene Menschen, die danach nicht fragen, etwas Wesentliches versäumen – und damit auch in Bezug auf das *Leben* etwas Wesentliches versäumen. Dann wäre die hier gestellte Frage absolut zentral. Lassen wir auch dies zunächst so stehen.

14. Wann haben Sie zuletzt etwas ‚Verrücktes‘ getan?

Diese Frage greift das wichtige Thema der Spontaneität wieder auf – und steigert es. Gibt ihm aber auch eine etwas andere Richtung. Etwas ‚Verrücktes‘ kann man im Prinzip nur völlig spontan machen – aber keineswegs jede Spontaneität ist auch ‚verrückt‘. Oft durchbricht sie einfach nur die Mauern der Gewöhnung und vielleicht auch ein wenig der Konvention. Das ‚Verrückte‘ durchbricht jedoch konventionelle Mauern da, wo sie besonders dick sind. Denn wer *definiert*, was verrückt sein soll? Offenbar immer das Kollektiv.

Oder etwa man selbst? Dann wäre für einen Spontaneitätskünstler das Verrückte gerade, einmal sehr regelhaft und systematisch zu handeln. Vielleicht ja auch eine heilsame, wohltuende Erfahrung für so manche ‚Chaosnudel‘? Aber in unserer Gesellschaft ist ‚etwas Verrücktes‘ eben doch als eine Übertretung der normalen Grenzen des Üblichen kodiert. Als eine gravierende Momentan-Befreiung von den üblichen Grenzen der Konventionen.

Das kann also ein deutlicher Hinweis auf die Sphäre des Lebens sein, insofern Konventionen das wahre Leben gerade einengen und sogar lähmen. Andererseits kann das ‚Verrückte‘ auch wiederum Selbstzweck werden. Es kann regelrecht ‚hip‘ sein, ab und zu ‚etwas Verrücktes‘ zu tun. Damit aber ereilt auch das ‚Verrückte‘ das gleiche Schicksal wie das ‚Glück‘ – es wird *selbst* eine Art Konvention. Und damit überhaupt nicht mehr aussagefähig, nur noch eine Karikatur seiner selbst. Das gilt für alles, was ‚vereinnahmt' wird.

Solange das ‚Verrückte' *spontan* bleibt, bleibt es im besten Sinne ‚verrückt'. Wer aber meint, das ‚Verrückte' geradezu kultivieren zu können, hat sich am Ende ... vielleicht nur zum *Clown* gemacht, aber die Substanz und das in gewisser Weise auch Heilige des Verrückten längst verloren...

15. Wie selbstbewusst sehen Sie sich?

Diese Frage ist für das Leben eigentlich *völlig* aussagelos. Zwar gibt es Menschen, die meinen, je selbstbewusster man durch das Leben gehe, desto mehr lebe man. Dann wären die ‚selbstbewussten Macher' *die* Lebenden schlechthin – aber die Frage ist durchaus, ob sie darin nicht sehr, sehr irren. Erneut möchte ich als Gegenbeispiel das *Mädchen* anführen, das liebevolle, schüchterne Mädchen, das sich garantiert nicht ‚als selbstbewusst sehen' würde – und trotz alledem oder vielleicht sogar *deshalb* möglicherweise sogar viel *mehr* lebt als zehn ‚Macher' zusammen...

Die Frage, was ‚Leben' eigentlich ist, ist also nach wie vor vollkommen offen. Sollte daher ein ‚Psychotest' mit einer solchen Frage arbeiten, würde er das Ergebnis nur in eine ganz bestimmte Richtung drängen und damit völlig verfälschen.

16. Empfinden Sie sich als religiös bzw. spirituell?

Hier wird die ‚Sinnfrage' schlicht etwas weiter konkretisiert. Es ist deutlich, dass Menschen, die sich als religiös bzw. spirituell bezeichnen, sich in der Regel als sehr lebendig empfinden, weil sie etwas in sich tragen, dem ein rein äußerliches Leben niemals gleichkommen kann. Atheistisch und antispirituell eingestellte Menschen werden dem entgegnen, dass dieses

Erleben auf Selbstsuggestion beruhe – auf der Illusion, an etwas ‚Größerem' Anteil zu haben, das es aber gar nicht gebe. Sie dagegen würden allein schon deshalb *wirklich* leben, weil sie diese Illusion durchschaut hätten. Wir haben also wieder keine abschließende Antwort...

17. Halten Sie sich für politisch engagiert?

Auch dies ist eine wesentliche Frage. Politisch engagiert ist man schon da, wo man die Weltgeschehnisse mit Anteilnahme verfolgt. Wo einen die Dinge nicht *gleichgültig* lassen. Wo man Überzeugungen hat – die man nicht gleich in Stammtischmanier arrogant und selbstüberzeugt ‚raushaut', sondern, im Gegenteil, tief *in sich* trägt. Sobald aber dies der Fall ist und man nicht einfach ‚meckert', sondern eher an manchem oder sogar vielem *leidet* ... lebt in der eigenen Seele etwas. Etwas sehr Wesentliches. Auch dies kann man nicht einfach für einen Psychotest ‚verwursten'. Mit den wirklichen Antworten auf solche Fragen müsste man mit einem tiefen, wiederum fast heiligen Respekt umgehen. Erst dann beginnen sie, zu ‚sprechen' und etwas Wesentliches zu offenbaren.

18. Lieben Sie Kinder (nicht die eigenen)?

Eine vielleicht sehr überraschende Frage. Besonders wenn man sich auf den auch in ihr etwas verborgen liegenden Ernst einlassen kann. Denn alibimäßig und gewissermaßen auf Verdacht kann diese Frage natürlich *jeder* bejahen. Es ist heute geradezu ‚out', zu bekennen, Kinder nicht zu lieben. Kinder sind gewissermaßen der Fetisch – zumindest der offizielle – der heutigen Zeit. Sie sind Projektionsfläche für alles, die letzte Gewähr dafür, dass uns das Paradies zumindest als Möglichkeit noch nicht ganz verlassen hat. Wer Kinder nicht liebt, schneidet sich selbst vom Leben ab und gibt zu, dass er ein *Egoist* ist – das liegt alles mit darin.

Und es ist wahr. Aber die Frage bleibt, wie aufrichtig es dann gemeint ist mit dieser Liebe. *Können* wir heute überhaupt noch richtig lieben ... oder sind alles nur noch bloße Vorstellungen und Lippenbekenntnisse? Wie würde das aussehen, in voller Wirklichkeit: Kinder zu *lieben*...? Und was ist der Unterschied zwischen tiefer Wahrheit und Lippenbekenntnissen mit so ein wenig innerem Gefühl?

19. Wie blicken Sie auf Ihre eigene Schulzeit zurück?

Diese Frage ist erneut überraschend. Zumal es ja nicht nur von einem selbst, sondern auch von der Schule und den Lehrern abhängt, wie man darauf zurückblicken kann. Aber wie dem auch sei: Wer *positiv* auf diese frühen Jahre seiner Kindheit und dann seiner Jugend zurückblickt, der hat auch eine gute Ausgangsbasis für eine ähnliche Positivität in Bezug auf das übrige Leben. Es liegt auch an einem selbst, wie man in jedem Moment auf die Dinge blickt. Und umgekehrt kann objektives Unglück diesen Blick auch künftig für einen schwerer machen – vielleicht zu schwer. Aber es ist auch nie zu spät ... etwas zu ändern, innerlich ... etwas, was auf das *Leben* gerichtet ist.

20. Können Sie sich an kleinen Dingen freuen?

Sie klingt so richtig typisch nach ‚Psychotest', diese Frage. Und doch kann man sie nur unterschätzen, denn die *Wahrheit* dieser Frage enthält etwas sehr Tiefes. Man muss sie nur ernst nehmen – und dafür muss man sie völlig aus diesem Kontext ‚Psychotest' herauslösen. Im Grunde muss man fortwährend von dem ‚Sie'-Stil absehen und sich die Fragen *selbst* stellen. Dann ist da definitiv niemand mehr, der nur Fragen abhakt, Auswertungspunkte addiert, um auf schnelle Art und Weise *bewerten* zu können ... sondern man steht vor der vollen Eigenwahrheit jeder einzelnen Frage.

Dann ist man allein mit sich selbst und mit dem vollen Ernst der sich leise stellenden Frage – die man beachten kann oder auch nicht: Kann ich mich an kleinen Dingen freuen...

Die Antwort auf diese Frage ist von ungeheurer Bedeutung – aber man kann die Bedeutung dieser Antwort natürlich auch *herunterspielen*. ‚Was sind schon kleine Dinge? Warum soll das so wichtig sein? *Natürlich* kann ich mich auch über kleine Dinge freuen' etc. etc. Und schon würde deutlich, dass man sich hier selbst etwas vorlügt ... und irgendwo in seinem Innersten sogar weiß, dass es so ist. Diese Dinge sind sehr fein, und die Seele ist sehr empfindsam, da, wo ihr innerstes Gewissen berührt ist.

Ist es nicht bestürzend, dass gerade eine so ‚ausgetreten' wirkende Frage auf den zweiten und dritten Blick so sehr in ein unsichtbares Zentrum führen kann?

21. Würden Sie sich selbst als empathisch bezeichnen?

Was in dieser Frage liegt, haben wir bereits berührt – da, wo es um das ‚Glück' ging. Denn gerade wer empathisch ist, hat es oft schwer mit dem ‚Glück', gibt es doch so vieles, was eher betroffen machen kann... Aber wir haben gesehen, dass mangelndes oder seltenes Sich-glücklich-Fühlen keineswegs bereits eine Antwort auf die Frage nach dem *Leben* ist.

Und letztlich schließt auch die letzte Frage nach den ‚kleinen Dingen' hier an – und die Frage der Empathie an sie. Denn wer sich an kleinen Dingen freuen kann, wird empathischer sein als ein anderer – und wer empathisch ist, wird sich eher an kleinen Dingen freuen als umgekehrt. Warum ist das so? Weil Empathie gerade der *Blick* für das andere ist. Wer schon im Großen diesen Blick gar nicht wirklich hat, hat ihn natürlich erst recht nicht für das Kleine. Wer aber den Blick für das Kleine hat, der hat auch Empathie. Und wer sich auch über Kleines *freuen* kann, meist um so mehr.

22. Finden Sie, die Welt ist bedroht?

Dies konkretisiert die Frage der Empathie auf das ganz Große, auf den Planeten und alles, was mit dieser Dimension zu tun hat. Manche finden – wir sahen es bereits –, wer diese Frage bejahe, überschätze die Bedeutung der Menschheit nur maßlos. Wer sie aber verneint, der ist blind für seine eigene Sorglosigkeit oder aber für seine eigene, nihilistische Arroganz.

Auf den Aspekt der gegenseitigen Bedrohung der Menschheit (Kriege, Atomwaffen etc.) gehe ich hier nicht ein, sondern nur auf die Verletzlichkeit der Natur, das Sterben der Regenwälder, das Verschwinden der Schmetterlinge... Wer dem nur entgegnet, es seien schon immer ganze Artenspektren ausgestorben, der begreift nicht, dass diesmal der *Mensch* der Vernichtende ist – und es ihn offenbar kalt lässt. Der Mensch ist das einzige Wesen auf Erden, das jeder Art und jedem Biotop, überhaupt jedem anderen Leben auf Erden ein Eigenrecht auf Existenz *zusprechen* kann.

So kann der Mensch entweder Mörder oder Hüter sein, entweder bestimmt von Gleichgültigkeit oder von Verantwortung und Liebe, von einer tiefen Ethik. Aber offenbar gibt es viele Menschen, für die Ethik selbst ein bloßes *Konstrukt* ist. Sie erleben nie die Realität des Zustandes, ein *ethisches Wesen* zu sein – zumindest nicht hinausgehend über das Verhältnis von Mensch zu Mensch. Der Mensch kann aber gegenüber der gesamten *Schöpfung* ein ethisches Verhältnis gewinnen. Und er muss sie nicht einmal als ‚Schöpfung' *betrachten*, um der Natur gegenüber ethisch zu empfinden – und das bedeutet ganz konkret: zu empfinden, nicht das *Recht* zu haben, auch nur eine einzige Art auszurotten.[3]

Die Art, wie man hier empfindet, hat sehr viel mit der Frage nach dem Leben zu tun...

23. Ist Ihnen Wohlstand wichtig?

Auch hier wird es sehr konkret. Natürlich kennt jeder den Spruch ‚Geld ist nicht alles, aber ohne Geld ist alles nichts.' Das ist eine Binsenweisheit. Aber wie ernst machen wir es mit der ersten Hälfte? Wie sehr leben wir im Äußeren? Wie *wichtig* ist uns Wohlstand – und was verstehen wir darunter?

Was wollen wir materiell erreichen? Was erwarten wir vom ‚Leben' materiell? Und ist uns die Frage *inneren* Wohlstands ebenso wichtig? Hier sollte man lieber von ‚Reichtum' sprechen – innerem Reichtum. Legen wir auf diese Frage das gleiche Gewicht? Oder eher weniger? Oder sogar mehr, wirklich mehr als auf äußeren ‚Wohlstand'?

24. Glauben Sie an die große Liebe?

Hier scheiden sich noch einmal ganz radikal die Geister – oder soll man sagen: die Seelen? Auch hier gibt es genügend Menschen, die das Ganze für ein Konstrukt halten – zum Beispiel für eine Erfindung Hollywoods... Natürlich ist die Idee der großen Liebe viel älter, ist sie doch ein Zentralthema einer ganzen Epoche – der *Romantik*. Aber bereits davor gab es den Minnesang. Die Idee der Liebe – und auch die der ‚großen Liebe' – ist ein Zentralthema des Menschlichen *überhaupt*.

---

[3] Vergleiche schon früh und noch heute tief lesenswert Dieter Birnbacher (Hg.): Ökologie und Ethik. Stuttgart 1980.

Wenn man demgegenüber darauf verweist, dass es bei indigenen Gruppen eher nur Sexualität und Begehren gebe, ist man vielleicht blind für die Tatsache, dass sich beim Menschen *alles* erst mit der Zeit entwickelt hat – eben auch der ungeheure Kosmos der Kultur, der Wissenschaft, aber eben auch der *Romantik*. Rein selektiv verweist man also an diesem Punkt auf den ‚noch von keinem Konstrukt verdorbenen Wilden' – ohne mit ihm tauschen zu wollen. Denn das mythische Bewusstsein lehnt man bereits wieder ab. Es ist jedoch wieder einmal ‚hip', Romantik als bloßes Konstrukt zu sehen, denn wieder einmal kann man sich als ‚Durchblicker' inszenieren.

Die Frage ist, wie sehr lebt man eigentlich wirklich, wenn man sein eigenes Sein geradezu bewusst auf Sexualität und Begehren reduziert? Im Grunde handelt es sich hier um eine *Pornografisierung* des Lebens. Wie schon erwähnt, kann man dann gleich den Zustand des *Affen* idealisieren, ohne zu erkennen, wie tief man eigentlich bereits gesunken ist...

Fortsetzung der Diagnostik

Die Diagnostik in diesem Bereich ist nicht möglich ohne die Beteiligung der Betroffenen. Denn auf dem Gebiet der menschlichen Seele ist nur das eindeutig, was der Betroffene selbst *erkennt*. Tut er es nicht, kann er jedwede Krankheit immer leugnen – was ja schon auf physischer Ebene geht, bis es zu spät ist.

Seelisch kann man, wie wir sahen, sich selbst auf die Stufe des *Affen* erniedrigen, ohne ein Problem damit zu haben. Denn die Intelligenz, die ja noch immer vorhanden ist, scheint zu bezeugen, dass alles in Ordnung sei. Interessanterweise leugnen echte Romantik und ihre Bedeutung gerade jene Menschen (fast immer Männer), die auch nicht an eine ‚Seele' glauben. Warum das so ist, liegt auf der Hand: Für das Erleben von Romantik *braucht* man eine Seele... Seelenlose ‚Möchtegern-Wissenschaftler' und arrogante Materialisten sind zu echter Romantik schlicht *unfähig*. Es ist ein echtes, schwerwiegendes Defizit.

Heute dünkt man sich aufgeklärt, wenn man an so etwas wie eine ‚Seele' nicht mehr glaubt. Das hat seinen guten Grund – wurde doch in den Jahrhunderten der Kirchengeschichte mit der endlosen Sünden- und Verdammnis-Drohung den aufgeklärteren Menschen jeder Glaube an eine übersinnliche Welt geradezu mit dem Prügel ausgetrieben. Die Kirche hat so lange mit Angst und Macht gearbeitet, bis sie sich *völlig* diskreditiert hatte. Wer an eine göttliche Welt nicht mehr glaubt, braucht auch keine Angst mehr zu haben – nur noch vor der eigenen Sterblichkeit, aber das ist geradezu ein *kleines* Problem, wenn man erlebt, wie sehr man sich endlich von zutiefst *reaktionären Dogmen* befreit hat.

Ein solcher freier Geist wird nie wieder in den ‚Schoß der Kirche' zurückkehren – eher wird er sich verbrennen lassen. Um die Vernunft vergewaltigenden Dogmen kann es also keinesfalls mehr gehen – zum Glück.

Eine Beleidigung für die Vernunft war auch der Glaube an einen erbarmungslos strafenden Gott, den man sich jahrhundertelang ausgemalt hat, obwohl ständig verkündet wurde, Gott habe mit Liebe zu tun oder sei sogar die Liebe – welch ein Hohn! Welcher unglaublicher Sünden hat sich die Kirche hier schuldig gemacht, indem sie die Gläubigen mit einem derartigen ‚Double-bind' geradezu *geknechtet* hat! Es ist kein Wunder, dass die Menschen bis heute – und heute geradezu in Scharen – aus der Kirche austreten. Denn die Kirche hat zu all diesen entscheidenden Fragwürdigkeiten bis heute nichts zu sagen. Außer dass sie den strafenden Gott stillschweigend in der Schublade verschwinden lässt – aber wozu dann *überhaupt* noch Religion? Für die Kleingeister, die etwas zum ‚Glauben' dann doch brauchen?

Wenn man in die ungeheuer umfassende Darstellung geistiger Realität eintaucht, die Rudolf Steiner mit der Anthroposophie gibt, wird deutlich, dass die Kirche ihren heiligen Auftrag im Grunde von Anfang an *völlig missbraucht* hat – denn sie hat den Impuls der Liebe, von Christus gebracht, mit göttlicher Vollmacht ... in einen Impuls der Macht und Einschüchterung verwandelt, also pervertiert in das absolute Gegenteil, bis hin zur regelmäßigen Ermordung Andersdenkender, einschließlich andersdenkender, liebevollerer *Christen*. Aber das macht keinen Unterschied, denn ein Christ dürfte sowieso nie einen anderen Menschen umbringen, was auch immer dieser glaubte.

Aufgrund dieser welthistorischen Tatsachen ist es nicht das geringste Wunder, dass eine aufgeklärte Zeit mit einem Gott, den eine *solche* Kirche verkündet hat, nichts mehr zu tun haben will – rein gar nichts. Aber auch ohnehin hätte die Zeit der Aufklärung den bisherigen Glauben an eine göttliche Welt völlig zertrümmert, denn ... Gott war eben nirgends zu ‚finden'. Mit Erfahrung und Experiment stieß man in die letzten Winkel der Welt vor – und fand dort weder Gott noch eine Seele. Der Materialismus feierte Triumphe. Und er schaffte den heutigen Wohlstand – der die Menschen weiter von allen religiösen Fragen entfernte. Denn wozu überhaupt noch Religion, wenn es einem von der Geburt bis zum Tod ‚prima' geht? Und wenn das Internet viel befriedigender ist, als am Sonntag in die Kirche zu rennen?

Der völlige Niedergang der Religion war also nicht zu verhindern – zumal es neben der Naturwissenschaft *keinerlei* Wissenschaft gab, die sich der Frage des Übersinnlichen gewidmet hätte. Die Theologie reduzierte sich auf den Nachweis, dass die ‚heilige Schrift' anders entstanden sei, als man behauptet hatte – und sprach im Grunde nur noch *über* das Thema, aber nicht mehr in religiösem Zustand.

Erst Rudolf Steiner legte wieder die Grundlagen für die volle Möglichkeit, den Menschen als ein *geistig-seelisches* Wesen zu verstehen, das den von der Evolution her kommenden, genügend hoch entwickelten Leib durch Inkarnation, Verkörperung, bewohnt. Diese Verkörperung führt dann zu einer sehr engen Verbindung von Leib, Seele und Geist, aber von nun an kann man begreifen, was welcher Sphäre zugehört und wie sie sich gegenseitig beeinflussen.

Diese Erkenntnis ist aber nur möglich, wenn das Bewusstsein aufhört, sich selbst als etwas *materialistisch* zu Erklärendes zu begreifen. Bleibt es dagegen dabei, ist jeder Ausweg verrammelt – wie auch niemand vorwärtskommen kann, der sich weigert zu gehen. Die Seele kann sich nur *als Seele* erkennen, wenn sie sich selbst ernst nimmt. Zieht sie es vor, sich als intelligenter Affe zu verstehen, wird sie diese degenerative Realität *verwirklichen*. Der Mensch ist das, was er denkend und überzeugungsmäßig aus sich *macht*. Eine Seele, die sich selbst für einen intelligenten Affen hält, *ist* ein intelligenter Affe.

Ihr *eigenes* Wesen kann die Seele erst da erkennen, wo sie sich entscheidet, als *Seele* zu leben – selbst da, wo sie noch gar nicht weiß, was nun eigentlich wahr ist. Um ihr menschliches Wesen aber wahrzumachen, braucht die Seele Hilfe. Wie das Beispiel der ‚Wolfskinder' zeigt, lernen menschliche Wesen nicht einmal *laufen*, wenn sie nicht von laufenden Menschen umgeben sind. Das Gleiche gilt für das Sprechen – und für das Denken. Um sprechen zu lernen, muss ein Kind Sprache erleben. Und um denken zu lernen, muss es Gedanken erleben. Wenn es aber von *materialistischen* Gedanken umgeben ist, wird es schwerlich dahin kommen, sich jemals von diesen loszureißen.

Und dennoch haben die hervorragendsten Geister seit Jahrtausenden Fragen gestellt – und so wurde die Philosophie geboren. Diese beginnt mit dem Staunen. Aber schon lange davor, nämlich von Anfang an, existierte das religiöse Bewusstsein, denn alles wurde noch als von mächtigen, übermenschlichen Kräften durchdrungen *erlebt*. Und die Philosophie ist im Grunde derjenige ‚Bewusstseinszustand', der eintrat, als dieses andere über lange Zeiträume hinweg allmählich *aufgehört* hatte.

Das moderne Bewusstsein braucht sich also gar nichts einzubilden – die ‚Götterdämmerung' vollzog sich in vielen Stufen, von denen der postmoderne Ultra-Atheismus nur die vorläufig letzte ist. Aber während die antike Philosophie zumindest noch die Heiligkeit des Gedankens erlebte, ist der Postmoderne nichts mehr heilig als ... ihr eigenes Ego und einige andere, teilweise wechselnde Dogmen. Und jede Zeit, die sich eines Erlebens ‚entledigte', das vorher noch da war, trat tiefer in das ‚Individualbewusstsein' ein – womit aber auch Stufe für Stufe der Hochmut wuchs, die Arroganz dieses menschlichen Bewusstseins.

Diese begann ja schon da, wo in frühester Vergangenheit *Gewaltherrscher* auftraten. Sie mögen dies teilweise noch als individuelle ‚göttliche Berufung' erlebt haben – aber die Wirklichkeit war, dass bereits das (niedere) Ich Einzug gehalten hatte und das Bewusstsein bestimmte. Dies setzte sich fort in den antiken Tyrannen – deren Begriff in Griechenland geprägt wurde – und den römischen Despoten, aber auch gewalttätigen Stammesherrschern allerorten.

Das Christentum war nun gerade jener Impuls, der dies alles völlig *durchbrach*. Hatte schon das Alte Testament eigentlich gelehrt: ‚Liebe deinen Nächsten', so lehrte Christus als das *inkarnierte Liebewesen* selbst: ‚Liebe deine Feinde'. Und es offenbarte etwas für die gesamte antike Welt Unglaubliches – dass die Liebe sogar stärker ist als der Tod. Für den Menschen war das nicht unmittelbar eine volle Wahrheit, aber er hatte ja diese übermenschliche Liebe auch nicht – Christus jedoch *brachte* diese Auferstehungskräfte in die menschliche, in die Menschheitsentwicklung hinein – und dort sind sie nun zu finden, laufen mit der übrigen Entwicklung parallel und sind gleichsam eine *übersinnliche* Tatsache: nur für diejenigen zu ergreifen, die dies tatsächlich tun und sich aufrichtig mit ihr *verbinden*.

Wie auch immer, die Urchristen durchbrachen die bis dahin bestehende alleinige Realität der Macht und gründeten alles auf geschwisterliche Gleichheit und Liebe. Die Liebe (agape) war ihr *Zentralbegriff*, der alles durchdrang.

Jedoch setzte sich auch der alte Impuls fort – und drang sehr schnell auch in die Gemeinden ein. Sehr schnell gab es wieder ‚Vorsteher' der Gemeinden, schnell waren diese auch wieder nicht mehr nur ‚Gleiche unter Gleichen' oder gar Diener aller anderen, sondern empfanden eine Macht, wie es für das römische Denken ohnehin zentral war. Indem sich also die junge Kirche mit dem römischen Staat verband, war ihr Sündenfall bereits geschehen. Der *anti*christliche Impuls hatte bereits hier seinen entscheidenden Sieg errungen.

Das alles kann jedoch nicht hindern, zu begreifen, was der *eigentliche Christus-Impuls* war und nach wie vor ist, weil das Wesen, das diesen Impuls brachte, seit seiner Auferstehung eine lebendige *Gegenwart* ist – zu finden für die einzelne menschliche Seele, die diese Gegenwart sucht.

Warum diese so zart und verborgen ist – diese Frage kann man sich stellen, aber wenn man sie *nicht* stellt oder nur scheinbar stellt, wird sie sich für einen nie beantworten. Die Verborgenheit des Christus-Mysteriums hat mit dem Ich-Geheimnis zu tun. Dieses Wesen will niemals überwältigen – und es kann nur von der einzelnen Seele gefunden werden. Das ist die Wahrheit. Nur die einzelne Seele kann dieses Wesen finden. Und in diesem Finden liegt dann ein tiefstes Geheimnis – das mit der Menschwerdung zu tun hat. Auch ist dieses Finden *selbst* ein Weg und kein einmaliger Vorgang. Es ist der Weg in ein wahres Menschentum hinein. Und dieser Weg kann ein ganzes Leben lang dauern. Aber es bleibt eine Wahrheit: Dieses Wesen hütet das *Geheimnis des Menschen*.

*

Nun muss man daran nicht glauben. Dennoch waren alle diese Bemerkungen notwendig, weil nur so begriffen werden kann, dass es eine andere Realität geben *könnte* als die, die man sich jetzt ausmalt. Ist der Mensch absolut in einer einzigen Vorstellung befangen, kann er sich anderes nicht einmal mehr denken – es fehlen ihm schlicht die *Begriffe*.

So, wie die Eskimos unzählige Nuancen von Weiß kennen, wir diese aber nicht einmal *sehen*, so fehlt auch im Übersinnlichen jede Möglichkeit der Wahrnehmung, wenn man keine Begriffe für das hat, was man wahrnehmen könnte. Wenn man sie nicht hat, nimmt man es schlicht auch nicht wahr. *Wenn* man sie aber hat, besteht überhaupt erst die *Möglichkeit* der Wahrnehmung. Mit Suggestion hat das zum Beispiel nichts zu tun, denn die Eskimos suggerieren sich auch nicht die unterschiedlichen Abstufungen dessen, wo wir *nichts* sehen als immer nur Weiß.

Aber jetzt kehren wir zurück zu der Frage, was eigentlich das Leben ist – oder, in der Formulierung des Buchtitels: Wie tot bin ich wirklich?

Was ist Leben? Ein postmodernes *Konsumbewusstsein* wird Leben im Sinne ‚möglichst vieler, lustvoller Eindrücke' definieren. Allerdings waren auch ältere Jahrhunderte von einer solchen Definition nicht weit entfernt – gab es doch immer Menschen, die den Sinn des Lebens darin sahen, lustvolle Augenblicke in möglichst großer Zahl anzuhäufen. Und bei vielen dieser Lustsucher (nicht Sinnsucher) stand im Mittelpunkt die Suche nach sexuellen Erlebnissen.

Sexualität ist nun tatsächlich eine mächtige Erlebnissphäre. Aber kann es wirklich Menschen geben, die einen Großteil ihrer ‚Suche' und ihres Strebens (buchstäblich Triebes) dahinein legen, möglichst viel möglichst ekstatischen Sex zu haben? Was würde sie dann eigentlich noch großartig von *Karnickeln* unterscheiden? Aber es soll sogar Menschen geben, die stolz darauf verweisen, dass es diesen Unterschied eben nicht gebe – außer dass der Mensch die Lust sogar bewusst genießen kann.

Wie unendlich armselig! Wie unsäglich wird hier das Wunder des menschlichen Bewusstseins *herabgewürdigt* – nur dafür gut zu sein, was im übrigen auch die Karnickel können! Der Mensch als das Tier mit ‚zugeschaltetem Bewusstsein‘. Manche Menschen ‚geilen‘ sich an diesem Reduktionismus regelrecht auf und halten sich für aufgeklärt. Sie zelebrieren damit nur eine unsägliche *Dekadenz*. Was in diesen Menschen lebt, ist in letzter Hinsicht nur das *Tier* – Triebe, mehr nicht. Wir hatten dies bereits empfunden.

Die meisten Menschen jedoch werden von dieser Primitivität (die sich hoch entwickelt dünken kann, wie wir sahen) meilenweit entfernt sein. Die Frage aber bleibt: Was ist Leben?

Ist Leben der abendliche Krimi? Die tägliche Fernsehbeschallung? Ab und zu vielleicht noch ein Buch? Und im Sommer irgendwo ans Meer, wo man sich braten lassen kann? Sicherlich gehört auch das für die meisten Menschen nicht zur Definition von ‚Leben‘ – obwohl man den Bildschirmen zum Beispiel sehr verfallen kann, wie man sicher selbst am besten weiß. Wer einen Fernseher hat, *nutzt* ihn meistens auch. Und jeder weiß aus eigener Erfahrung, wie schwer es ist, sich *nicht* in den passiven ‚Konsum-Modus‘ fallen zu lassen. Erst recht nicht nach einem vielleicht stressigen Arbeitstag.

Und doch wissen wir alle, dass das nicht ‚Leben‘ ist. Viel zentraler für die meisten werden Erlebnisse mit Freunden sein, mit dem Partner und so weiter. Aber welche Erlebnisse? Ein nettes, gutes Essen? Und worüber redet man dann? Doch wieder über die Arbeit – oder was man letztens im Fernsehen oder auf Netflix gesehen hat? Der Kreis schließt sich...

Ist das Leben? Wirklich? Dass man geboren wird, eine Stelle findet, fernsieht und mit Freunden über die Arbeit und die letzten Filme redet!? Und zwischendurch noch über dies und das – aber letztlich auch das immer wieder auf dieselbe Art und mit ähnlichen, ersetzbaren Inhalten? Ist das Leben?

Aber wie viele Menschen kommen *tatsächlich* nie über das hinaus! Sie halten genau das für Leben. Und eben noch einen schönen Urlaub, der ja nicht unbedingt mit Strand zu tun haben muss. Und vielleicht noch Kinder – aber das ist nach zwei Jahrzehnten dann ja auch ‚erledigt'. Was ist Leben? Dass man mit dem Fernsehen und Freunde-Treffen dann noch die letzten zwei, drei Jahrzehnte fortfährt, ab der Rente sogar noch mehr Zeit hat – für *was* genau?

Wer nie den Begriff einer inneren Entwicklung gefasst hat, wird gar nicht *verstehen* können, worauf ich eigentlich fortwährend hinaus will – wird wahrscheinlich sogar die Fragen fortwährend als ‚moralisierend' empfinden und innerlich stark ablehnen. Denn wer möchte sich in seiner Art, zu leben, schon kritisiert empfinden – oder ‚abgewertet'? Jeder hält sein Leben für tief berechtigt und möchte partout nicht darauf hingewiesen werden, dass angeblich etwas fehle... Lieber bemerkt man es selbst mit fünfzig – oder am liebsten selbst dann nicht.

Was ich sagen will, ist: Der *Narzissmus* und rasend schnell gekränkte Stolz jedes Einzelnen ist hier unermesslich. ‚My home is my castle', heißt ein bekannter Spruch. Im menschlichen Bewusstsein ist dieser so intensiv wahr wie nirgendwo anders. Jeder setzt seinen eigenen Lebensstil absolut und lässt eine ‚Störung' in der Regel um keinen Preis zu. Verteidigt das, was er hat, bis an die Zähne bewaffnet bis zum Letzten. Macht sofort ‚die Schotten dicht', wenn irgendetwas auch nur leise daran rührt. Und das ist *Dekadenz pur*.

Denn wäre die Seele eine Wahrheitssucherin – anstatt einer bloßen ‚Wohllebensveranstaltung' verfallen zu sein, würde es sie nicht derart aufregen und geradezu aggressiv machen, wenn etwas ihre Selbstgewissheit zu erschüttern versuchen würde. Der Weise lernt noch von einem Kind, heißt es – aber man kann ergänzen: Die postmoderne Seele würde nicht einmal mehr von einem Weisen lernen. Warum nicht? Weil sie in ihrer unbewussten Selbstverliebtheit so vernagelt ist, dass sie davon keinen Zollbreit abweichen will.

Die wahrheitssuchende Seele täte das Gegenteil. Sie wäre fortwährend empfänglich, dankbar für jede Bereicherung, aber ihre Speise wäre nicht ‚gutes Essen' oder eine neue Serie, sondern eine *Vertiefung der Wahrheit*. Der Weise hält sich nicht für weise, und schon gar nicht hängt er an Lieblingsüberzeugungen, sondern er ist *empfänglich* – und ein lebenslanger Sucher. Wer dagegen seine eigenen Sichtweisen für Wahrheiten hält, der gleicht einem vollen Glas: Es passt nichts mehr hinein. Er ist ja schon ‚abgefüllt' – und will es sein.

Genau das ist der postmoderne Narzissmus – sich und seine gerade gültigen, momentanen ‚Wahrheiten' derart zu lieben und zu hätscheln, dass die wirklichen Wahrheiten gar keine Chance haben, auch nur einen zarten *Fußbreit* in die Seele hineinzusetzen. Sie werden zurückgewiesen wie einst die heilige Familie in der Heiligen Nacht... Nirgendwo fanden sie eine Herberge...

Dieser Narzissmus zeichnet sich dadurch aus, dass er selbst die Wahrheiten, die er hineinlässt, selbstgewiss prüft, ob sie ihm denn ‚genehm' sind – und wenn ja, baut er sie arrogant in sein eigenes Reich ein. Ich will mit diesen bildhaften, deutlichen Beschreibungen erlebbar machen, dass man ein ganz bestimmtes Empfinden gegenüber der Wahrheit ganz verloren hat: eine Art Ehrfurcht. Ohne diese Seelenstimmung aber verkommt auch die Wahrheit zu einem ... *Konsumartikel.*

*

Wer fest im Sattel seines eigenen Bewusstseins sitzt, der mag sich sehr lebendig fühlen, aber in ihm lebt zunächst nur eines: die eigene Selbstgewissheit, der eigene Narzissmus, bis hin zur Arroganz. Dann gilt eben auch gegenüber Wahrheiten: ‚Was ich nicht reinlasse, bleibt draußen – Pech gehabt!'

Vielleicht kann allmählich deutlich werden, wie tief diese moderne Seelenhaltung reicht.

In früheren Jahrhunderten haben Menschen gleichsam ihr ganzes Leben hingegeben, um Wahrheiten aufzutun. Menschen haben Vermögen geopfert, um in den Besitz eines kostbaren Buches zu gelangen oder aber einen in der Ferne lebenden Weisen zu finden. Das alles scheint in einer Zeit, in der die ‚Wahrheiten' als Massenware ‚auf der Straße liegen' oder per Klick zum Spottpreis zu haben sind, natürlich alles fast nicht mehr vorstellbar. Und doch sollte man versuchen, in dieses völlig andere Erleben einmal einzutauchen. Damals wusste man noch um die Existenz von Wahrheit – und man suchte sie mit einer heiligen Leidenschaft, man spürte ihren unendlichen *Wert.*

Heute spürt man gar nichts mehr – nur noch den ‚Wert' der eigenen Person, den man ins Gigantische setzt. Und Wahrheit? ‚Interessiert nicht. Gibt es sowieso nicht. Und selbst wenn – die neueste Netflix-Serie ist interessanter...' Kann man die tiefe Dekadenz der Seele *jetzt* begreifen?

Es ist etwas, was man tatsächlich kaum begreifen kann, wenn man ganz darin versunken ist. Und viele Menschen haben ja *tatsächlich* nie kennengelernt, dass Wahrheit etwas Heiliges sein könnte – sie können den *Begriff* nicht einmal begreifen. Aber auch dies wieder: weil ihnen *nichts* heilig ist. Sie haben nicht einmal mehr einen Begriff von ‚heilig'.

Damit beginnt es also. Oder andersherum: Damit endet es.

Wer keinen Begriff des Heiligen mehr hat und auch nicht erwirbt, für den ist das Leben zu Ende. Er kann zwar noch einige Schritte machen – etwa karrieremäßig oder in Bezug auf materiellen Wohlstand. *Aber das war es dann auch.* Er kann vielleicht noch Kinder großziehen und hier ein gewisses Glück erleben. Aber mehr auch nicht. Sein Leben ist eigentlich zu Ende, weil er nicht mehr wirklich *entwicklungsfähig* ist.

Denn diese Fähigkeit hat zutiefst mit der Fähigkeit der Ehrfurcht zu tun.

Warum ist das so? Weil ohne diese Fähigkeit nichts mehr über einen hinausgeht. Man mag das anders zu sehen meinen, aber in Wirklichkeit ist man sein eigener ‚Nabel der Welt'. Wie sollte es auch anders sein!? Man muss sich doch nur einmal in diese Haltung hineinversetzen: Keine Ehrfurcht – vor nichts. Wer soll dann noch größer sein als ich selbst? Keiner! Man hat ganz hervorragend den modernen Narzissmus maximiert – Steigerungen gibt es natürlich immer.

Das Höchste für die moderne Seele ist ... gleiche Augenhöhe. Etwas anderes lässt sie gar nicht mehr zu. Sie hat die Selbstgewissheit bis in den letzten Winkel aufgesogen. Natürlich gibt es auch unsicherere Menschen, aber auch diese haben keine Ehrfurcht in Bezug auf die Wahrheit. Man achtet zwar die Wahrheit, aber was Ehrfurcht ist, weiß man nicht mehr. Man weiß es schlicht nicht mehr. Man hat es verlernt, geradezu menschheitlich. Ein Kind, das kein Vorbild hat, lernt nicht einmal gehen...

Aber wozu soll ‚Ehrfurcht' denn gut sein? Was soll das? Was bringt das?

Auch in dieser Weise kann nur die moderne Seele fragen – denn wer selbstgewiss an der Spitze sitzt, der ‚scannt' natürlich alles darauf ab, was es ihm ‚bringt'. Und mit dieser Gewohnheit wird auch noch der letzte Rest von Ehrfurchtsfähigkeit der Seele ausgerottet. Denn das Heilige verträgt es nicht, ‚abgescannt' zu werden – es zieht sich dann zurück, denn die Seele ist es nicht mehr wert... Perlen vor die Säue. Die scannende, selbstgewisse Seele ist auf den ‚Sau-Zustand' zurückgefallen. Möge sie darin glücklich werden...

Ehrfurcht ist als Seelenstimmung deshalb so alles entscheidend wichtig, weil sie das *Wahrnehmungsorgan* für das Heilige ist. Ohne diese Seelenstimmung ist man seelisch *blind*. man nimmt es schlicht nicht mehr wahr – und sogleich ist da dann auch die Gewohnheitsüberzeugung, dass es gar nicht mehr *existiert*. Denn man will es ja auch gar nicht mehr. Der Narzisst will nichts über sich – und die moderne Seele *ist* der geborene Narzisst.

Erst, wenn sie die Ehrfurcht als Stimmung wiederfindet, kann die Seele erwarten, auch das Heilige wiederzufinden.

*

Aber warum ist nun das Heilige wichtig?

Aus dem umgekehrten Grund. Um den Narzissmus zu überwinden. Wer das gar nicht *will*, der braucht die Stimmung der Ehrfurcht gar nicht erst zu suchen – er wird sie sowieso nicht finden. Es müsste schon etwas in der Seele geben, was diesen Narzissmus *erkennt* ... und leise an ihm leidet. Dann bestünde plötzlich wieder Hoffnung. Denn der Kranke hat begonnen, zu bemerken, dass er krank ist. Und er hat begonnen zu leiden.

Aber wann wird die moderne Seele soweit sein? Ist ihr Charakteristikum doch gerade das, dass sie sich *freut*, so fest im Sattel ihres Selbstbezuges zu sitzen! Ist es nicht auch das, was uns täglich eingetrichtert wird? Dass es darauf ankomme? Es ist jedenfalls *sehr* unwahrscheinlich, dass eine Seele sich auf einmal verändert und in Zweifel gerät, ob ihre (post-)moderne Grundhaltung so ganz richtig ist und ob sich der Sinn des Lebens ausgerechnet in dieser erschöpft... Haben wir es nicht gerade ‚so herrlich weit gebracht' bis hierhin?

Aber die Seele hat zum Glück auch die Fähigkeit, Dinge *auf Probe* zu tun, zu erleben, zu empfinden. Sie könnte sich auf die Stimmung der Ehrfurcht einmal *versuchsweise* einlassen – das allerdings immerhin mit möglichster Aufrichtigkeit.

Man kann sich einmal ein doppeltes Szenario vorstellen – wieder in Bezug auf die Wahrheit. Nehmen wir an, es *gibt* so etwas wie die Wahrheit. Und jetzt stellen wir uns vor, wir stellen uns ihr auf zwei verschiedene Weisen gegenüber. Die erste Weise ist die ‚moderne': Der Wahrheit wird begegnet, sie wird erkannt, sie wird ‚abgespeichert' – und fertig. Nicht lange fackeln, wir sind ja Konsummenschen, und der nächste Konsum wartet schon, die Wahrheit ist ja nur *eine* Sache unter *vielem*.

Und nun aber das andere Szenario: Wir empfinden der Wahrheit gegenüber eine Stimmung der Ehrfurcht. Wir wissen, dass sie kostbar ist, ja heilig. Heiliger noch als bei einem zartesten Verliebtsein. Wir sind der Wahrheit gleichsam *hingegeben* – aber wir wissen nicht, ob sie uns würdigen wird, ob wir ihr überhaupt würdig sind... Und warum wissen wir dies nicht? Weil wir unsere Schwächen nur zu gut kennen. Jedes kleinste Verhalten, das ihrer eigentlich unwürdig war und sie beschmutzt hat. Jede kleine Notlüge, jedes Leichtnehmen der Wahrheit in irgendeiner Sache. Jede Schwäche – und wir wissen es. Wir kennen uns und kennen jeden dunklen Fleck. Warum sollte die Wahrheit uns *überhaupt* noch würdigen...?

Diese Stimmung ... ist Ehrfurcht. Es ist die völlige Umkehr des Vorherigen. Auf einmal ist der Seele etwas *heilig* ... und sie weiß sogar sehr genau, dass sie es gar nicht verdient, weil *sie* nicht heilig genug war. Der Blick kehrt sich völlig um. Nicht sie selbst steht im Zentrum, sitzt auf dem Thron, blickt auf alles herab (allenfalls Augenhöhe!), sondern etwas *anderes* – etwas, was der Seele nun absolut heilig ist.

Nun kann sie auf einmal *verstehen*, wie Menschen ihr Leben, ihre Jahre, ihren Reichtum opfern konnten, um *ihr* zu begegnen, ihr näherkommen zu dürfen – der Wahrheit! Sie war wie eine heilige Geliebte und sie *war* die Geliebte. Die Seele liebte nichts so innig und so heilig wie sie. Die Wahrheit... Dies waren die Wahrheitssucher. Seelen, die in heiliger Ehrfurcht die Wahrheit so liebten wie andere nicht einmal mehr die zutiefst Geliebte...

*

Ehrfurcht ist also das Wahrnehmungsorgan für das Heilige – und so überhaupt erst das Organ für die Wahrnehmung der *vollen Wirklichkeit*. Denn ohne sie verliert alles an Wert – man sieht den Wert überhaupt nicht mehr. Das heißt nicht, dass er nicht existieren würde. Aber man tritt ihn in den Schmutz. Es ist eine völlige Verkennung der Tatsachen. Es ist eine absolute *Profanisierung* – die aber nicht der Wirklichkeit entspricht, sondern nur eine neue Wirklichkeit *schafft*.

Sozusagen eine Parallelwelt. Eine, in der man sich nur noch *selbst* heilig ist und auf einem Thron sitzt, der ganz anderen Dingen gebührte, weil *sie* heilig sind und nicht man selbst. Aber das kann man nicht mehr begreifen...

Die geheime Fähigkeit der Ehrfurcht ist also *das* Heilmittel schlechthin. Es erlöst die Seele von ihrem Narzissmus und ihrer Arroganz – *wenn* sie das will! – und offenbart ihr erneut die heilige Tiefe und heilige Fülle des Lebens, die noch viel grenzenloser ist, als die Seele sich das vorstellen kann. Grenzen gibt es hier nicht mehr. Sie liegen nur noch in den Fähigkeiten der Seele selbst. Vertieft sie diese aber fortwährend, so hören auch die anderen Grenzen auf...

Wo andere Menschen nur das Kriterium ‚Genuss' oder daneben vielleicht noch irgendwelche unbewussten Grundsätze oder ‚Ideale' hatten (wie ‚Freundschaft' oder vielleicht auch ‚Pflicht' oder ‚soziale Gerechtigkeit' oder was auch immer), da eröffnet sich für die Seele, die mit dem *Heilmittel* lebt und dieses in sich hütet, eine völlig neue Wirklichkeit.

Sie kennt nicht mehr nur *abstrakte* Überzeugungen, die irgendwo herumwabern und vielleicht überhaupt nur intellektuelle Prinzipien sind, deren Quellen völlig unklar bleiben, wenn sie nicht sogar nur auf ‚rationale Vernunft' *reduziert* werden (der Mensch als bloßes Kopfwesen), sondern sie erlebt die Welt der Ideale als *volle Wirklichkeit* – so wirklich wie physische Dinge oder sogar noch wirklicher. Was andere Seelen nur durch die Brille ihres Narzissmus verschwommen und blass und völlig verzerrt wahrnehmen und missdeuten, das nimmt sie klar und in seiner *eigentlichen* Gestalt wahr.

Sie erlebt die Ideale als *wahrhaft menschliche Sphäre* – während andere Seelen sie sogar in ihrer Existenz leugnen. Aber sie lässt ihnen ihren Irrtum, solange sie sich in ihrer Primitivität nicht krank, sondern kerngesund fühlen, aber eben nicht mehr sind als ein intelligenter *Affe*. Nur der Mensch kann Ideale haben – intelligente Affen haben allenfalls rationale Überzeugungen, aber keine Ideale. Affen kennen auch keine Ehrfurcht vor der Wahrheit oder anderem, ihnen fehlt damit schlicht das wahrhaft menschliche *Wahrnehmungsorgan* und so ein absoluter Wirklichkeitsbereich.[4]

Und die Seele braucht auch keine Angst zu haben, dass sie dann keinerlei Unterscheidungsvermögen mehr hätte und so jeder *Suggestion* verfallen könnte. Im Gegenteil: Je mehr sich die Ehrfurcht vor der Wahrheit vertieft, desto empfindsamer wird ihr Unterscheidungsvermögen – weil sie die Wahrheit immer tiefer heraus-erkennt aus allem übrigen, auch dies wieder wie eine Geliebte...

Die Liebe zur Wahrheit lässt einen immer wahrhaftiger werden – und dies gerade *ist* das wachsende Organ für die Wahrheit. Ehrfurcht und Liebe gehen nahtlos ineinander über – auch wenn man es zunächst nicht bemerkt, *ist* Ehrfurcht eine heilige Form der Liebe...

Es geht um die Liebe zur Wahrheit – noch bevor die Seele die Wahrheit im Einzelfall kennt. Eine ähnliche Haltung hat auch der wahre Wissenschaftler. Seine Seele ist der Wahrheit ver-

---

[4] Nicht zu verwechseln damit ist die instinktive Unterwerfung der Affen unter den jeweils *Stärkeren*. Dies hat nichts mit Ehrfurcht zu tun und ist ein rein mit Angst und eben äußerer Unterwerfung verbundener Prozess. Bloße Affennatur. Die menschliche Seelenstimmung der Ehrfurcht ist gerade das Gegenteil – denn nichts erzwingt mehr diese Ehrfurcht, nicht einmal die Wahrheit. Entweder man bringt ihr diese Empfindung aus eigener heiliger Entscheidung entgegen ... oder nicht. Das Alphamännchen drängt sich auf und drängt die anderen zur Unterwerfung. Die Wahrheit dagegen zieht sich zurück, wenn der seelische Narzissmus *sich* aufdrängt. *Er* ist die moderne Alpha-Haltung. Die Wahrheit unterwirft sich nicht – aber sie würdigt eine solche Affenseele keines Blickes mehr. Die Seele muss sich also entscheiden... Will sie äffisch bleiben – oder hat sie Sehnsucht nach der Wahrheit, für die sie aber eine ganz andere *Haltung* bräuchte...

pflichtet, nichts anderem will er dienen. Er aber tut es letztlich rein intellektuell, nur in den Untergründen seiner Seele lebt das Heilige der Verpflichtung. Die hier gemeinte Haltung aber macht mit jenem Heiligen ganz offen ernst. Es stört die Wahrhaftigkeit nicht, im Gegenteil, kann es gar nicht. Nur die Wissenschaftler machen oft *doch* recht schnell Kompromisse mit der Wahrhaftigkeit, weil sie blinde Flecken behalten, nicht aber die Wahrheitssucher.

Hat die Seele erst einmal begonnen, die Wahrheit zu lieben, in einem tiefen, wirklich auch spirituellen Sinne, so hat sie darin – in dieser Liebe – ein tieferes Wahrnehmungsorgan als jede andere Seele. Auch sie kann sich noch irren, selbstverständlich, aber weniger als jede andere Seele. Die Liebe zur Wahrheit ist die sicherste Führerin zu ihr. Und wenn die Wahrheit spürt, dass sie geliebt wird, kommt sie der liebenden Seele sogar selbst *entgegen*. Die Wahrheitssucher aller Zeiten haben dieses Mysterium gespürt und erlebt.

*

Mit der Liebe zur Wahrheit eröffnet sich der Seele ein unendliches Reich, ein *heiliges* Reich. Denn die Wahrheit geht über den Materialismus weit hinaus, hebt ihn völlig auf. Und doch ist keine einzige Seele davon entbunden, um die Wahrheit zu ringen. Das Reich der Wahrheit ist kein *Konsumtempel* – und auch kein Selbstbedienungsladen. Sie wird immer nur auf einem Weg und in tiefer Aufrichtigkeit gefunden. Das ist ihr größter Schutz.

Mit dem Begreifen aber, dass die volle Wirklichkeit viel tiefer ist als jemals angenommen, vertieft sich auch die Liebe zu allem anderen – oder wird überhaupt erst geboren. Die Liebe zur Mitwelt, die Liebe zur Natur, die nun *tatsächlich* eine große heilige Schöpfung wird. Die Liebe zur einzelnen kleinen Blume...

Warum die Liebe? Weil keine Regung *menschlicher* ist – und weil die Seele diese in sich entdeckt. Weil auch Liebe die heilig-natürliche Reaktion der wahren Seele ist, wenn sie die ganze Schönheit sieht. Das Mysterium des Existierens. Des Zusammenhanges. Und weil sie in heiligem Erkennen versteht, dass die Liebe die heiligste Kraft *überhaupt* ist. Dass nichts wahrer ist – und nichts glücklicher macht, als Liebe in sich zu tragen und mit Liebe auf die Dinge zu blicken, die ihre Gegenwart *ebenfalls* schenken...

Das Wahrnehmen der Schönheit dieser Welt kann sich immer weiter vertiefen – zu einem kaum mehr beschreibbaren Empfinden. Noch das scheinbar Kleinste kann ein Tor zu einem erschütternden Schönheitserleben werden. Das Glitzern des Sonnenlichts auf feuchtem Sand am Meer. Das Aufblühen der winzigkleinen Blüten des Frühlingshungerblümchens in den ersten Vorfrühlingstagen. Die Begegnung mit einem Regenwurm in frisch umgegrabener Erde. Es ist ein heiliges, in tiefe *Liebe* getauchtes Sich-verbunden-Fühlen mit all diesem anderen. Eine tiefe Dankbarkeit für das *Wunder des Lebens* in seiner grenzenlosen Schönheit und zusammenklingenden Vielfalt – überall...

Und irgendwann begreift man, dass diese Schönheit und auch diese Liebe, erst recht sie, mit diesem Wesen zu tun hat, das Christus genannt wird... Und vielleicht *sieht* man diese ganze Schönheit überhaupt erst und spürt diese *Liebe* überhaupt erst, *wenn* man dies begreift. Vielleicht – ganz sicher – ist es bei jeder Seele anders. Aber dieses Wesen wartet auf jede Seele, in absoluter Treue...

Aber nun versteht man, dass dieses Wesen ganz mit *Aufer-stehung* zu tun hat. Denn auch die eigene Seele ist auf geheimnisvolle Weise auferstanden ... zu einer heiligen Heilung. In der Wahrnehmung. Im Denken. Im Fühlen. Im Wollen. In der ganzen Seele...

Das Leben und das Mädchen

Das gewöhnliche Leben der Menschen, die dies nicht so empfinden, ist für die Seele, die dieses Erleben kennt, nur noch wie ein seltsamer Schatten. Sie kann nicht begreifen, wie andere Seelen diese heiligsten Fragen *nicht* haben können, diese heiligsten inneren Wege *nicht* gehen können und wollen ... und dieses heiligste Mysterium der Liebe nicht kennen, sondern in ihrer allzu großen Selbstgewissheit verharren, wo sie glücklich scheinen *ohne* all das...

Leben ... was ist Leben?

Leben ist, das Mysterium zu kennen. Die Schönheit. Die heilige Tiefe der Schönheit, des Zusammenhanges und des Sinnes. Leben ist, jenes *Wesen* zu kennen, in dem all dies seinen heiligen Ursprung hat und von dem es gehütet wird. Jenes Wesen, das von sich sagte: ICH BIN ... der Weg, die Wahrheit und das Leben.

Der Weg – zur Wahrheit und zum Leben.
Die Wahrheit – des Weges und des wahren Lebens.
Das Leben – das wahre Leben der Seele, ihre Erfüllung.

All dies wird bis in die Tiefe klar. Leuchtet als Licht der Wahrheit durch alles andere hindurch. Das Licht der Welt, das sich jeder Seele schenken will, sie begnadend, aber doch darauf wartet, dass die Seele selbst es will ... und sich dazu bereitet, ihm, dem Licht, Wohnung zu geben.

Das Licht der Welt. Das wahre Leben. Jenseits dieses Lebens gibt es keine Steigerung mehr, denn die Liebe *ist* das Höchste... Hier haben wir wirklich das LEBEN gefunden.

Und nun wird vielleicht klar, warum ich immer wieder von dem Mädchen schreibe. Nun wird es vielleicht wirklich und endlich klar.

Denn das Mädchen *lebt* auf diese Weise – und es *trägt* in sich dieses Leben. In vollem Gegensatz zu allen anderen. Immer ist die Rede von der idealischen Gestalt des Mädchens, wie sie urbildlich in den Märchen lebt. So ist diese Gestalt des Mädchens wie ein heiliges Vorbild für die Seele überhaupt, die das LEBEN wiederfinden will.

Das Erste ist: Das Mädchen hat eine tiefe Ehrfurcht vor der Wahrheit. Es hat eine so reine Seele, dass diese von nichts getrübt wird. Erst recht nicht von irgendwelchen Lieblingsmeinungen. Das Mädchen *hat* keine Lieblingsmeinung – es liebt die Wahrheit und ist bereit, jede Meinung, die es hatte, sofort zu ändern, wenn ihm die Wahrheit begegnet. Aber das Mädchen trägt die Wahrheit tiefer als jeder andere in seinem Herzen, *weil* es diese heilige Ehrfurcht hat – und nichts anderes in seiner Seele wohnen lässt *als* die Wahrheit...

Und so hat das Mädchen auch allem anderen gegenüber eine Art heiliger Ehrfurcht – die unmittelbar übergeht in tiefe Anteilnahme und zarte Liebe. So ist das Mädchen mit allem so innig verbunden – wie eine andere Seele erst am Ende eines langen Weges. Jede andere Seele muss das heilige Mysterium erst *wiederfinden* – das Mädchen aber hat es nie verloren. Jede andere Seele muss sich mühsam vom eigenen Narzissmus läutern – das Mädchen *kennt* diesen gar nicht, und seine Seele ist so rein und lauter wie frisch gefallener Schnee, und zugleich so aufrichtig wie Blut... Das Mädchen ist *Unschuld*.

Diese Vorstellungen sind kein Fetischismus, sie sind ein Ideal – aber dieses Ideal ist *real*. Die Seelen haben nur verlernt, diese Dinge so unendlich real zu erleben wie die äußere physische Wahrnehmungswelt. Das Mädchen ist *zutiefst* real – aber wir bringen es nicht mehr über uns, in diese Welt realer Imaginationen vorzudringen. Das sollten wir aber. Denn wie ein heiligstes Urbild wartet das Mädchen, um uns die Unschuld wieder zu lehren ... *wenn* wir sie wiederfinden wollen ... und mit ihr alles andere auch...

Das Mädchen stellt sich nicht ins Zentrum – es stellt alles *andere* ins Zentrum. Es liebt nicht die eigene Person – es liebt alles *andere*.

Und heute sagt man schnell und oberflächlich: Man muss zuerst sich selbst lieben, dann kann man auch anderes lieben. So kann nur eine Welt sprechen, die sich *trotz* ihres ganzen Narzissmus' innerlich nicht wirklich annehmen kann – aber vielleicht gerade *wegen* dieses abgrundtiefen Narzissmus'? Vielleicht ist das ganze Problem in dem Moment bis in alle Tiefen gelöst, *wo* man das Geheimnis der Liebe findet?

Das Mädchen *braucht* sich überhaupt nicht zu lieben – denn es fühlt längst *sich* geliebt ... von dem leisen Atem Gottes, den es inniger spürt als jede andere Seele. Wenn aber Gott einen liebt, dann muss man nicht noch sich selbst lieben, das *erübrigt* sich dann einfach – und die ganze heilige Kraft und Zartheit der Seele kann sich in Liebe auf die Welt richten. Es ist, wie wenn die Liebe Gottes durch das Mädchen hindurchgeht, sanft zu der eigenen Liebe des Mädchens wird ... und das Mädchen sie ebenso sanft in die Welt hinausleuchtet. Das Mädchen *hat* die Liebe ... das ist das Grundmysterium. Und es hat die Liebe, weil ihr nichts entgegensteht. Das Glas des Mädchens ist nicht schon vorher voll – deswegen ist seine Seele von *Gott* erfüllt und damit zugleich wahrhaft *Mädchenseele*.

Das Mädchen hat auch kein ‚Helfersyndrom‘. Ein solches haben nur jene Seelen, die nicht stark in sich selbst sind – sondern stattdessen ständig Bestätigung brauchen, wie ‚notwendig‘ sie doch sind und wie ‚liebenswert‘ und so weiter. Das Mädchen braucht dies alles nicht. Seine Liebe ist *aufrichtig*. Es liebt nicht, um geliebt zu *werden* – sondern weil es liebt. So einfach und so klar...

Das Mädchen hat auch keine ‚Ich-Schwäche‘, was nichts anderes als derselbe Vorwurf in anderer Gestalt ist. Sondern eine Ich-Schwäche haben jene Seelen, die ihr Ich durch einen ausgeprägten Narzissmus abstützen müssen, wie er in der Moderne *allgegenwärtig* ist – und nur deshalb nicht mehr auffällt. Im Grunde schwimmt das Mädchen völlig gegen den Strom – wenn das keine Ich-Stärke ist! Aber dies bereitet ihm überhaupt keine Mühe, denn es ist sein Wesen. Und selbst wenn es in der Postmoderne nur noch verlacht wird – das Mädchen bleibt sich selbst treu. Und Ich-Stärke war noch nie etwas anderes...

Das Ich des Mädchens ist mit jenem Wesen verbunden, das die Liebe ist. Deswegen liebt auch das Mädchen. Alle anderen Seelen sind weniger ich-stark, denn sie müssen vor jenem Wesen zunächst fliehen, bis auch ihr Ich stark genug ist, um die bewusste Nähe dieses Wesens *auszuhalten*. Und stark genug ist, sich von dem eigenen Narzissmus zu verabschieden. Eher geht ein Kamel durch ein Nadelöhr, als dass ein Narzisst dies könnte. Für die moderne Seele ist ihr Narzissmus das Rückgrat, ohne dass sie *zusammenbrechen* würde. Das Mädchen aber geht in zarter Aufrichtigkeit seinen Weg ohne diese künstlichen Stützen...

Wir *wollen* gar nicht lieben. Eine solche Aufrichtigkeit und Reinheit der Seele, wie das Mädchen sie hat, erschiene uns geradezu abartig. Und alles nur, weil wir uns an den Narzissmus, die Selbstbezogenheit klammern – und wissen, wie vernichtend das Urteil der Umwelt wäre, wenn wir mit der Wahrhaftigkeit und der Unschuld genauso sehr ernst machten wie das Mädchen. Dazu fehlt uns schlicht schon der *Mut*. Aber auch der übrige Wille. Denn der Selbstbezug ist so ungeheuer *angenehm*. Wir wollen auf dieses selbstbezogene *Scheinleben* doch noch immer nicht verzichten. Mangelnder Mut. Verlogenheit gegenüber unserem wahreren, heiligeren Selbst. Wir ertrinken in mangelndem Mut. Das Mädchen aber geht sanft auf dem Wasser...

Wir haben Angst vor unserer eigenen Courage – das Mädchen nicht. Wir haben Angst vor dem Urteil der Umwelt – das Mädchen nicht. Wir lieben die Unverbindlichkeit und Sicherheit unseres Selbstbezuges mehr als alles andere – das Mädchen liebt die Wahrhaftigkeit mehr ... und liebt mehr alles *andere* als Unverbindlichkeit und Sicherheit. Wir hassen die Unschuld bei uns selbst, denn sie kommt uns peinlich vor. Das Mädchen kann nicht hassen, aber es schämt sich am meisten, wenn es sein innerstes Wesen verraten sollte – das tut es einfach nicht...

Das Mädchen liebt die anderen Dinge und Wesen einfach viel zu sehr, um ihnen seine Liebe zu *entziehen*. Wir haben nicht einmal gelernt, sie zu *geben*.

Das Mädchen muss sich nicht selbst lieben, sein Glas (seine Seele) ist immer voll. *Wir* müssen uns selbst lieben, weil unser Glas so *leer* ist. Dann aber ist es voll mit unserer Selbstliebe, dieser Ersatzliebe – und so kann die heilige Liebe nicht mehr in uns hineinleuchten. Die Seele des Mädchens ist wie ein klarer Spiegel. Unsere Seele ist wie absorbierend. Wir *benötigen* Liebe – das Mädchen schenkt Liebe.

Wir sind wie ein Eigenbrötler, unsichtbar immer irgendwo mit uns selbst beschäftigt. Das Mädchen hat gar keine *Zeit* dazu – und sieht auch gar keinen Sinn darin. Gleichzeitig bewegen wir fast nie irgendwelche tieferen Gedanken – das Mädchen dagegen macht sich immer auf heilige Weise Sorgen um die Welt und stellt sich all jene Fragen, die *wir* uns stellen müssten. Im Grunde ist es das wandelnde Gewissen der Welt – weil sie kein anderes hat.

Das Mädchen ist wie das Urbild der reinen Seele. Wir aber *lieben* dieses Urbild noch nicht einmal mehr...

VOM BERÜHRTWERDEN

Im Grunde geht es um ein Sich-berührbar-Machen, um ein Berührt-werden-Können, das dann, wenn die Schale einmal aufgebrochen ist, immer umfassender werden kann.

Die moderne Seele hat gelernt, sich *abzugrenzen*. Sie grenzt nicht unbedingt andere(s) ab, sondern sich selbst. So ist sie ein Paria geworden – selbstgewählt und selbstgemacht. Sie *selbst* hat sich ,pariaisiert'. Aber indem sie *sich* abgrenzt, grenzt sie selbstverständlich auch alles andere ab – von sich. So geht die moderne Seele in einer Art Kapsel oder sogar Panzer durch die Welt – und merkt es nicht einmal.

Denn einzelnes hat ja durchaus ,Durchgangserlaubnis' oder ,Vortrittsgenehmigung' – in ihrer eigenen Selbstherrlichkeit kann die Seele ja gnädig ,Audienzen' gewähren. Was ich hier in drastischer Sprache auszudrücken versuche, soll nur deutlich machen, dass auch auf diese Weise jegliches *wirkliche* Berührtwerden unmöglich geworden ist. Die moderne Seele ist autonom und selbstgewiss. Sie braucht sich von niemandem ,etwas sagen zu lassen'. Und so sagt ihr auch nichts mehr etwas tiefergehend – außer das, was sie zulässt. Und auch dann bleibt sie Herr(in) ihrer selbst – es sei denn, sie lässt *wirklich* einmal Gefühle zu, denn Gefühle können einen überwältigen, buchstäblich.

Aber erst hier ist man wieder in Berührung mit der Wirklichkeit ... oder sogar in *Verbindung* mit ihr. Macht man sich wenig berührbar – und das *ist* die moderne Seele, ob sie es von sich so sagen würde oder auch nicht –, dann ist man wenig in Berührung mit der echten Wirklichkeit. Man hat immer einen Sicherheitskordon gezogen, eine Schutzschicht, einen *Todes-*

streifen, durch den nichts hindurch kommt, es sei denn, man erteilt die Ausnahmegenehmigung.

Das ist nicht mehr *Leben*, das ist das kontrollierte Leben des unsicheren, selbstgewissen Ego, das nur noch ‚auf Schutzschichtbasis' agiert. Ein lockerer Umgang mit anderen und das Vorhandensein vieler Freunde können darüber hinwegtäuschen, dass sich in *tieferer* Hinsicht an dieser Tatsache nicht das Geringste ändert. Die Seele hat die Kontrolle über sich selbst und alles, was sie ‚einlässt' – oder worauf *sie* sich einlässt...

Und warum sollte das schlecht sein? Es ist nicht schlecht, es ist ja modern. Die Frage ist nur, was man dadurch *verliert* – und man verliert eine Unendlichkeit. Denn man hat im Grunde nur noch seinen Ich-Punkt, und alles andere, all dieses *unendliche* Andere, hat man nicht mehr. Nur noch abgedämpft. In der ungefährlichen Light-Variante, die heute so *normal* ist, dass man sie gar nicht mehr bemerkt – als das was sie ist: eine gigantische *Mogelpackung*.

Die Seele mogelt sich an der wahren, tiefen, vollen, einzigartigen Wirklichkeit vorbei, weil sie nur noch ihre *eigene* Wirklichkeit ins Spiel bringt. Sie muss im Zentrum stehen, alles andere muss sich, darf sich nur um sie *herum*gruppieren. Sie hat die Kontrolle, darf anderes ‚zuschalten' oder auch ‚abschalten', wie sie gerade will – und hat die Dinge in der Hand, sitzt am Drücker, entscheidet, wo es ‚langgeht'.

Auch diese sprachlichen Versuche wollen wiederum *erleben* lassen, in welcher Sphäre sich die Seele auf diese Weise bewegt. Es ist die profanisierte, von allem tiefer Wesentlichen *entleerte* Sphäre der selbstgewissen Ich-Kontrolle. Das volle Glas – wiederum. Wo Ich ist, kann nichts anderes sein. Das Ich drängt sich immer vor, hat *sich* immer schon ins Zentrum gestellt. Alles andere ist Beiwerk – und das Ich lässt sich gnädig berieseln, beschenken, aber in fortwährender Konsumhaltung, und sei sie noch so unbewusst.

Nie ist das Ich bereit, *anders* auf die Welt zu blicken, anders mit der Welt zu kommunizieren – vielleicht erstmals wirklich. Denn in einem bestimmten Zusammenhang bedeutet ‚kommunizieren' die tiefste aller Realitäten: in der Kommunion des heiligen Gottesdienstes. Dort bedeutet es heiligstes Einswerden, tiefste *Begegnung* ... mit dem Gotteswesen, das die Liebe selbst ist.

Die Seele hat diese Fähigkeit nahezu verloren, sie ist tief verschüttet. Kleine Kinder haben sie noch. Kleine Kinder kommunizieren fortwährend, sind fortwährend in einer Kommunion ... mit der Wirklichkeit. Sie sind nicht getrennt – und die Wirklichkeit trennt sich nicht von ihnen. Kleine Kinder werden fortwährend beschenkt – und sie schenken *sich* radikal. Und dies ist ein innerer Zusammenhang. Nur wenn die Seele noch die Hingabe kennt, in der Hingabe *lebt*, gibt sich auch ihr alles hin. Das ist das Geheimnis des Kindes – und auch das Geheimnis des Mädchens.

Das Mädchen ist viel seelenvoller als ein Kind, in ihm hat sich die Seele viel weiter verinnerlicht – aber die heilige Haltung der *Kommunion* hat das Mädchen nie aufgegeben oder verloren, es hat sie *behalten*. Darum hat das Mädchen mehr Seele als jeder andere – erst recht jeder Erwachsene. Denn es *ist* ganz und gar Seele, ohne jedes Hindernis. Es ist nicht Abgrenzung, sondern Seele. Es ist nicht Selbstgewissheit, sondern Seele. Es ist nicht autoritärer Herrscher mit ‚Vortrittsgenehmigungen', sondern Seele.

Das Mädchen lässt an seine Seele heran, was auch immer da ist – es hat keine Sperren oder Grenzen. Was das Mädchen umgibt, nah oder fern, wird von ihm rückhaltlos *erlebt*. Das Mädchen kennt keinen ‚Abschwächungsmechanismus' – und selbst wenn es ihn kennt, aktiviert es ihn nur im Notfall und nur im nötigsten Maße. Und das bedeutet: Das Mädchen lebt in der *Hingabe*. Es gibt sich den Dingen hin, und sie geben sich *ihm* hin. Das Mädchen ist aufrichtig und berührbar, es ist auch bis ins Innerste verletzbar, aber das hindert das Mädchen nicht daran, diesen Zustand *aufrechtzuerhalten*, aus tiefstem Willen heraus. Das Mädchen ist verletzbar – aber es hat auch die Fähigkeit, dies zu tragen ... wie Christus.

Entscheidend für das Mädchen ist nicht das, was man als Bedrohung sehen könnte, sondern das, was diese innere Wesenshaltung ermöglicht. Und sie ermöglicht als einzig denkbare ... *wirkliche Begegnung*. Mit allem. Nie würde das Mädchen mit irgendjemandem tauschen wollen – außer vielleicht in verzweifelten Momenten völligen Alleinseins, Einsamseins, weil es von niemandem verstanden wird. Aber auch das sind nur Gethsemane-Momente, denn Einer versteht das Mädchen immer...

*

Das Mädchen hat also das Geheimnis des LEBENS gefunden. Denn seine Seele lebt wirklich. Hingabe ist Leben. Liebe ist Leben. Berührbarkeit und Sich-Öffnen ist Leben. Jede Seele kann dies gleichsam ‚empirisch' *erfahren*. Wir stehen hier vor der Wahrheit des Lebens – und vor dem Weg des Lebens. Das Mädchen kennt die Wahrheit, und es geht genau diesen Weg. Seine Seele kennt das Leben – und das Wesen, das dieses Leben hütet.

Das Mädchen kennt ein tiefstes Geheimnis – und ist auch selbst dessen Hüterin. Und sie offenbart es im Grunde in jedem Augenblick – und ist so zugleich dessen sanfte Lehrerin.

Dieses Geheimnis hat tatsächlich alles zu tun mit Sanftheit, mit dem Mysterium des Zarten oder Zärtlichen. Denn echte Begegnung ist immer eingetaucht in dieses Mysterium. Die Selbstgewissheit kann hier nichts mehr ausrichten, sie ist nur noch *Hindernis*. Jede Begegnung in tiefstem Sinne, jede Kommunion ist ein zärtliches Geschehen, wirklich Geschehen, ein Weltengeschehen. Je tiefer zwei Wesen das Geheimnis des Zärtlichen, des Behutsamen kennen, desto tiefer werden sie sich begegnen können – in geradezu *heiliger* Tiefe. Und nahtlos geht dieses Geheimnis über in das der Liebe – denn Zärtlichkeit *ist* Liebe, auf heiligster Ebene.

Es geht nicht einfach um körperliche Zärtlichkeit, es geht um die seelische Wesenshaltung des zutiefst Behutsamen, das echte Begegnung überhaupt erst *ermöglicht* – und ihr jede nur denkbare, grenzenlose Tiefe schenkt. Das gerade ist das Geheimnis des Mädchens – dass es um all diese Dinge zutiefst weiß...

Wirkliche Begegnung kommt nur zustande und ist nur möglich in gegenseitiger Hingabe. Heiliges *Zuhören* geschieht nur, indem das eigene Ich ganz vergessen wird – und das Wesen des Anderen in der eigenen Seele auferstehen darf. *Das* ist Kommunion – zarteste Begegnung. Nur das ist wirklichstes Zuhören, heiliges Einander-Verstehen, das Geheimnis der Begegnung in seiner *Wahrheit*.

Und in dieser zarten Haltung wendet sich das Mädchen auch allem anderen zu – einem Tier, einer Blume. Die wirkliche Begegnung braucht Offenheit, nicht Selbstgewissheit; braucht Zuneigung und *Liebe*. Das Mädchen wird fortwährend beschenkt, denn es schenkt fortwährend *sich*. Die zarte Offenheit, die man fast als Unsicherheit missdeuten könnte, gibt fortwährend Raum für das andere – es ist die heilige Einladung der Seele: Offenbare dich ... begegne mir... Du bist willkommen... In seiner ganzen sanften Anmut ist das Mädchen eine zärtliche *Meisterin* der Begegnung – und alle Dinge begegnen ihm, schenken sich ihm, in ihrer wesenhaften Tiefe.

Werden auch wir einst *so* zuhören können? Die Wesen und Dinge um uns herum *so* zärtlich und innig in unsere Seele einlassen können? Das Geheimnis der Kommunion erleben können? Heiliges Kommunizieren, lebendigster zärtlicher Austausch im Reich der *Seele*? Wie viele Menschen verstehen überhaupt, was hier zum Ausdruck gebracht wird? Ein zartestes Geschehen, das *erlebt* werden muss – indem man zutiefst in seiner Seele erwacht, *als* Seele erwacht ... und ein Mysterium erlebt. Etwas Allerheiligstes. Ein Wunder.

Wird es Menschen geben, die dasselbe erleben können wie das Mädchen? Weil auch sie das LEBEN finden? Aber dafür müsste auch ihre Seele so zart, so hingebungsvoll, so rein werden wie die des Mädchens. Denn nur in dieser übersinnlichen Sphäre der *Reinheit* geschehen dieses Mysterien. Wer die zarteste seelische Hingabe nicht kennt, wird diese Mysterien nie erleben können – und an einem Tiefsten vorbeigehen ... vorbeileben. Das Leben wird er nie kennenlernen. Das zarteste und wirklichste Leben der Seele. DAS LEBEN...

Die Fragen und das Mädchen

Wie würde das Mädchen auf die Fragen antworten, die zu Beginn gestellt worden sind? Was würden *seine* Antworten sein? Wir können versuchen, aus dem Wesen des Mädchens heraus Antworten zu empfinden – mit reiner Seele. Und so sind die folgenden Antworten mögliche ... und können helfen, *selbst* zu spüren, welche Worte das Mädchen aus seinem Herzen, seinem tief berührenden Wesen heraus finden würde.

Aber entscheidend wichtig ist, dass wir diese Antworten des Mädchens nicht einmal *ansatzweise* im Sinne der Gewissheit lesen und innerlich ‚hören', die *unsere* Antworten und die anderer auszeichnen würden. Wir müssen wirklich das Wesen des *Mädchens* spüren ... seine Sanftheit, geradezu Unsicherheit, die aber nichts anderes ist als zärtliche *Hingabe* – noch in den Antworten... Hingabe an den Fragenden und seine Frage ... und letztlich Hingabe an das heilige Mysterium des *Guten*.

In dem Mädchen lebt wie ein zutiefst berührendes Leuchten dieser so zurückhaltende, aber darum um so innigere, zärtliche gute Wille. Es ist das Mysterium der zarten Liebe, die das Mädchen in sich trägt. Liebe zum Guten – und dadurch gerade zu allem. *Die Liebe selbst*. So, wie sie nur in dem reinen Wesen des Mädchens leben kann.

Und dies gerade müssen wir spüren können – in jedem Wort des Mädchens, weil jedes Wort *Seele* atmet, zart und innig und niemals *sich* auch nur in die Nähe irgendeines Zentrums stellend... Die zart sich in die eigene Seele hineinwebende Qualität von unschuldiger Wärme, die mit jedem Satz verbunden ist, weil das Mädchen gar nicht ohne Seele sprechen *kann*...

1. Haben Sie den Beruf, den Sie sich gewünscht haben?

Ich habe ja noch keinen Beruf ... aber ich möchte das *Gute* tun. Es gibt so vieles, was ich mir vorstellen kann ... und manche Berufe *gibt* es noch gar nicht...

2. Wie oft können Sie Ihr Wochenende genießen?

Ich mag das Wort ‚genießen' eigentlich gar nicht – ich weiß nicht einmal, was das *sein* soll... Es klingt immer wieder so *selbstbezogen*... Ich spüre keinen Zusammenhang mit diesem Wort... Aber ich *liebe* die Wochenenden... Wenn ich spazieren gehen kann... In der Natur sein... Oder mit Menschen, die ich gern habe, Zeit zusammen haben. Oder lesen... Oder einfach nachdenken... Ich denke oft an so vieles! Vieles *beschäftigt* mich auch. Und eigentlich sind die Wochenenden immer viel zu kurz. Manchmal denke ich, die Menschen müssten weniger ‚genießen' und mehr ... ich weiß nicht, wie ich es sagen soll...

3. Besuchen Sie öfter einmal Theater oder Konzerte?

Eigentlich nicht, nein, bisher nicht. Ich weiß auch nicht genau, was ich mir anschauen oder anhören sollte. Manchmal weiß ich nicht einmal, wozu Theater oder Konzerte gut sein sollen ... machen sie die Menschen *besser*? Oder sind sie nur zur *Unterhaltung*? Ich weiß es nicht... Ich gehe eigentlich gerne ins Kino. Aber es gibt sehr, sehr wenige schöne Filme... Und ich mag *Straßen*theater – und Straßenmusik. Ja, das mag ich...

4. Wie viele Bücher haben Sie im letzten Jahr gelesen?

Oh – viele! Ich glaube, ich lese alle zwei, drei Wochen ein Buch. Es interessiert mich so vieles! Ich verstehe immer wieder nicht, wie die meisten Leute anscheinend fast nichts lesen können. Oder oft nur Krimis – wie *geht* das!?

5. Haben Sie Kinder?

Nein – ich bin ja selbst fast noch ein Kind! Aber wahrscheinlich möchte ich später auch Kinder haben – ich weiß es noch nicht. Ich habe auch ein bisschen Angst. Ob man eine gute Mutter sein würde und so...

6. Wie oft haben Sie schon furchtbar spontan gehandelt?

Ich weiß nicht genau, was gemeint ist. ‚Spontan' – was soll das eigentlich sein? Dass man eine plötzliche Idee hat und das dann auch macht? Ich denke meistens sehr viel nach ... und bin sowieso meistens langsamer als die anderen. Vielleicht bin ich dann nicht sehr spontan... Andererseits tue ich vieles, wo *andere* erst einmal viel zu lange nachdenken müssen, was *ich* dann nicht verstehe...

Oder ist etwa gemeint, dass man irgendwas macht, worauf man *Lust* hat – und was aber eher zu teuer oder verboten oder ... weiß ich nicht ist? Nein, das mache ich nicht wirklich... Aber das ist wieder diese Sache mit dem ‚Genießen' ... ich kann damit nichts anfangen... So *bin* ich nicht...

7. Haben Sie eine feste Beziehung?

Ich bin noch zu jung – ich habe noch keinen Freund. Andere Mädchen haben schon einen, ja... Manchmal wünsche ich mir auch einen... Aber ich kenne keine Jungen, die ... so wären... Wie ich es mir wünsche... Wünschen würde... Ich weiß auch nicht, ob ich je so einen Jungen finden könnte. Manchmal denke ich daran, ja... Und dann frage ich mich: Wo könnte er sein...?

8. Wie oft gehen Sie spazieren?

Jede Woche – unbedingt! Bei uns ist ganz in der Nähe ein großer Park. Ich mag es auch, den Menschen zuzuschauen, wie
sie gern draußen sind und sich freuen. Wie *sie* genießen! (lacht
ein wenig schüchtern). Das mag ich – dann freue ich mich
auch... Aber noch lieber fahre ich ein Stück mit der Bahn und
gehe dann im Wald spazieren. Ich mag die Natur so unglaublich! Ein Stück gehen, und schon ist man ganz allein – nur
noch mit den Bäumen, den Vögeln, den Eichhörnchen... Das
ist für mich etwas so unglaublich Wunderschönes...

9. Wie oft machen Sie richtig Urlaub?

Meine Eltern machen mit uns eigentlich jeden Sommer und
jeden Herbst richtig Urlaub. Sie gehen zum Glück gerne
wandern, und das mag ich auch sehr. Nur mein Bruder kann
das gar nicht leiden – und hätte am liebsten bei jeder Sitzbank
eine Pause und WLAN, aber das geht in den Bergen nicht so
gut! (lacht wieder).

10. Wie oft im Monat haben Sie Sex?

Gar nicht. Die Frage passt nicht für mich... (wird etwas rot).
Ich finde das Wort übrigens ganz furchtbar. Ich werde *nie*
‚Sex' haben. Für mich wird es immer etwas anderes sein –
etwas *ganz anderes*.

11. Wie oft sind Sie glücklich?

Das weiß ich nicht... Ich weiß es wirklich nicht. Ich glaube,
es gibt zwei Antworten gleichzeitig: immer und nie. Ich bin
unendlich glücklich, dass ich auf der Welt sein darf – und
dass alles so *schön* ist! Und gleichzeitig ist so vieles so *nicht*
schön ... und es beschäftigt mich viel zu sehr, um *jemals*

glücklich sein zu können... Und *wenn* ich glücklich bin, fühle ich mich oft zugleich fast egoistisch... Ich weiß nicht, ob Sie verstehen, was ich meine... Ja, ich weiß, man muss auch glücklich sein dürfen – *bin* ich ja auch! Aber das andere ist eben auch immer da...

12. Wie viele sehr gute Freunde haben Sie?

Ich habe eine Freundin. Ich habe ja schon gesagt, dass ich etwas ,langsam' bin ... und die anderen sind eben ziemlich anders als ich. Ich bin sehr froh, dass meine Freundin mich versteht. Und die anderen könnten mich gar nicht verstehen, obwohl es nicht so schwer ist, aber ... sie sind alle anders...

13. Fragen Sie sich manchmal nach dem Sinn des Lebens?

Ja. Aber mehr als ein Gefühl, irgendwie... Und aber mehr frage ich mich, warum die Menschen nicht verstehen, was der Sinn des Lebens *ist*. Ich meine, der erste Sinn wäre doch, liebevoll miteinander umzugehen, oder? Mit *allem*, meine ich. Und ... und wenn man das tun würde, müsste man sich dann eigentlich noch nach einem *anderen* Sinn fragen? Ich glaube nicht... Ich würde denken, *das* ist der Sinn des Lebens... Eigentlich die Liebe... Aber die wirkliche...

14. Wann haben Sie zuletzt etwas ,Verrücktes' getan?

Ist das nicht wieder die gleiche Frage wie vorhin? Mit dem ,furchtbar spontan'? Etwas ,Verrücktes'... Ich weiß nicht – vielleicht noch nie? Aber ... ich weiß, dass andere mich irgendwie für verrückt halten... Also vielleicht ... doch immer? Manchmal frage ich mich, ob es verrückt ist, Müll aufzuheben, weil an der nächsten Ecke ja sowieso wieder neuer liegt... Es ist verrückt ... aber ich muss es immer wieder tun...

15. Wie selbstbewusst sehen Sie sich?

Gar nicht! Nein, wirklich gar nicht. Ich kann nur immer wieder staunen, wie selbstbewusst die *anderen* sind – wo sie das hernehmen. Ich habe das nie gekonnt. Nein. Aber damals, als ich Vegetarierin wurde, sagte meine Mutter, ich sei ein richtiger ‚Dickkopf‘ – und das war nicht das einzige Mal. Soll das etwa auch ‚selbstbewusst‘ sein? Ich sehe es ganz anders... Es hat doch mit *mir* gar nichts zu tun!

Unter ‚selbstbewusst‘ verstehe ich, dass Leute irgendeine Meinung haben und sie dann auch ... eben total selbstbewusst vertreten. Ich meine, auch in *Diskussionen* – oder sogar ungefragt! Einfach ständig über das reden, was sie denken und so. Ich sage in Diskussionen eigentlich nie etwas... Wieder bin ich nicht so schnell ... und außerdem *kann* ich das einfach nicht! Ich verstehe eigentlich nicht einmal den Sinn von Diskussionen ... eigentlich bleibt doch sowieso jeder bei dem, was er schon vorher gedacht hat. Und ich spreche das, was ich denke, auch deshalb nicht aus, weil es mir viel zu heilig ist, als dass es ... einfach so *übergangen* wird. Liebe höre ich Menschen zu...

16. Empfinden Sie sich als religiös bzw. spirituell?

Ich weiß nicht genau... Nicht im eigentlichen Sinne vielleicht. Aber ich glaube schon, dass Gott die Welt gemacht hat, irgendwie... Und ich würde auch gerne mehr verstehen, was in der Bibel steht, im Neuen Testament vor allem. Vieles kann ich aber nicht verstehen, und es konnte mir auch niemand wirklich erklären. Aber – das zählt alles nicht wirklich als ‚religiös‘, oder?

17. Halten Sie sich für politisch engagiert?

Leider auch nicht wirklich! Ich mache mir zwar viele Gedanken, aber ich mache ja nichts! Das ist auch so ein Punkt. Ich mache ja nichts... Ich weiß nicht einmal, was ich machen *könnte!* Ich *würde* gerne so viel ändern – aber ich weiß nicht *wie...* Das ist mein großes Problem. Ich verstehe auch die Politiker nicht – sie reden nur und reden... Ich weiß auch nicht, warum ich mich darüber informieren sollte ... und versuche es doch immer wieder! Die meisten aus meiner Klasse haben von allem, was passiert, überhaupt keine Ahnung. Ich wenigstens ein bisschen...

18. Lieben Sie Kinder (nicht die eigenen)?

‚Nicht die eigenen‘ – eine lustige Einschränkung! Warum nicht die eigenen? Weil das selbstverständlich wäre? Ich weiß es nicht, ob das so selbstverständlich ist... Was *bedeutet* ‚lieben‘ eigentlich? Würde es nicht auch *verstehen* bedeuten? Manchmal weiß ich nicht, was ‚lieben‘ bedeuten soll ... wenn nicht *das.* Aber das ist eben sehr selten... Lieben Eltern ihre Kinder deshalb nicht? Das wollte ich bestimmt nicht sagen! Aber ... es ist eben kompliziert...

Ich würde ein Kind immer *verstehen* wollen. Aber ich kann ja schon die meisten in meinem Alter nicht verstehen... Ich liebe sie zwar ... aber ich verstehe sie nicht. Ich verstehe nicht, wie sie leben, was sie denken, was sie nicht denken, wie sie fühlen, wie sie nicht fühlen, was sie wollen, was sie nicht wollen. Ich verstehe eigentlich fast *gar* nichts. Aber ich liebe sie, ja ... trotz allem. Manchmal liebe ich alle so sehr, dass ich fast weinen möchte – es tut irgendwo ganz tief drinnen so weh...! Und ich weiß nicht warum...

19. Wie blicken Sie auf Ihre eigene Schulzeit zurück?

Sie ist noch nicht zu Ende. Und ich weiß es nicht... Alle halten mich für eine ‚brave Schülerin'. Und wahrscheinlich bin ich das auch. Aber obwohl ich alles mache, frage ich mich ganz oft – wirklich sehr, sehr oft! –, ob das alles so richtig ist. Und eigentlich weiß ich: Es *ist* nicht richtig. Wir müssten eigentlich ganz andere Dinge lernen! Ganz, ganz andere. Und ich kann es nicht einmal jemandem erklären. Manche würden ganz sicher einfach sagen: Ach, *du* schon wieder! Aber es ist doch wahr! Schule müsste eigentlich unendlich anders sein. Und *dann* blicke ich negativ ‚zurück'. Und trotzdem interessiert mich alles ... und ich gehe sogar *gern* zur Schule, trotz allem. Lieber als fast alle anderen, glaube ich. Trotzdem leide ich auch unter dem – was ich eben sagte... Das kann man bestimmt nicht mehr verstehen, oder?

20. Können Sie sich an kleinen Dingen freuen?

Ja! Das ist fast die einfachste Frage bis jetzt. Ich kann es nicht nur – ich tue es! Aber – schon wieder ein Aber! – für mich ist das, was andere als ‚klein' ansehen, gar nicht klein. Ist die Blume, die aus einer Mauerspalte kommt und blüht, *klein*? Für mich ist sie das nicht! Aber andere Leute *sehen* sie gar nicht – also ist sie anscheinend doch klein... Ich finde, dass der Begriff ‚klein' bereits falsch ist! Denn die Blume ist garantiert nicht *unbedeutend*. Das mag jeder so sehen – aber es ist nicht so und es stimmt nicht. Sie ist genauso bedeutend wie jeder, der an ihr vorübergeht und sie nicht sieht. Vielleicht *gibt* es gar keine ‚kleinen Dinge'. Ich weiß natürlich, wie es gemeint ist. Aber ich sehe es einfach anders...

21. Würden Sie sich selbst als empathisch bezeichnen?

Empathisch bedeutet ‚Mitgefühl', oder? Ja, würde ich... Ich meine, wenn man eine kleine Blume aus einer Mauerspalte sieht... ‚Empathisch bis zur Verrücktheit', oder ... das würden doch manche Leute sagen, nicht wahr? Ich tue also wirklich jeden Tag lauter verrückte Dinge. Aber es ist nicht spontan, sondern es *ist* einfach so...

22. Finden Sie, die Welt ist bedroht?

Ja, sehr. Weil die Leute die ‚kleinen Dinge' immer weniger sehen – und auch die großen immer weniger... Weil sie zu ‚selbstbewusst' sind! (lacht). Nein, es ist eigentlich schlimm, sehr sogar! Die Welt ist bedroht, weil die Menschen sich so wenig Gedanken machen. Und wenn sie sich Gedanken machen, tun sie trotzdem nichts – nicht, weil sie nichts tun *können*, so wie ich, sondern weil sie nur reden und reden. Und weil sie die Welt ja eigentlich gar nicht *lieben*... Das Gefühl habe ich oft ... leider, sehr, sehr leider... Und eigentlich müsste man in der Schule genau *das* lernen: Wie man die Welt *lieben* kann... Aber wenn es die Lehrer auch nicht mehr können? Ja – die Welt ist sehr bedroht...

23. Ist Ihnen Wohlstand wichtig?

Nein. Wirklich *ganz* unwichtig! Meinen Sie etwa, ein Auto haben und so? Ich hasse Autos! Das ist nicht ganz ernst gemeint, aber ich kann wirklich nicht verstehen, was das soll. Und so geht es mir mit ganz vielem. Eine Mikrowelle? Wozu? Ein Geschirrspüler? Weil man zu faul ist? Oder sich nicht die Hände schmutzig machen will? Oder weil man einfach keine Zeit hat? Aber für drei Stunden Fernsehen hat man Zeit? Oder diese Handys? Wozu? Ich habe ein kleines Tastenhandy, das reicht mir – nicht einmal das brauche ich. Ich würde mir wünschen, dass jeder Mensch ein Dach über dem Kopf hat und das Notwendigste zum Leben. Und solange das nicht so ist, würde ich mich *schämen*, etwas zu besitzen, was ich habe – und ein anderer nicht...

24. Glauben Sie an die große Liebe?

Was ist denn das für eine Frage? Muss man daran ‚glauben'? Ist das etwas, von dem man sagen könnte ‚vielleicht existiert es, vielleicht auch nicht'? Ich verstehe die Frage nicht wirklich... Oder habe ich die Frage nicht verstanden? Es ist doch gemeint, ob man eines Tages den Menschen trifft, den man ganz lieben wird, oder? Mit seinem ganzen Herzen – und auch umgekehrt? Nicht wahr?

Natürlich glaube ich daran! Ich weiß nur nicht – wie gesagt –, ob *mich* jemand so lieben kann... Aber ich weiß, dass ich den, den ich lieben werde, nie *anders* lieben könnte. Es *gibt* nur eine Liebe – die große... Alles andere ist unehrlich – und also gar nicht wirklich Liebe. Man kann nicht *klein* lieben...

Menschen, die so denken, kann ich nicht verstehen. Sie glauben an die *kleine* Liebe – und sehen die kleinen Dinge nicht. Würden sie wissen, dass es nur die *große* Liebe gibt, würden sie auch die kleinen Dinge sehen. Ist das nicht merkwürdig? Es ist aber gar nicht merkwürdig, denn auch die ‚kleinen Dinge' sind nur solange klein, solange man sie nicht *liebt*. Wenn man sie liebt, werden sie groß... Und so ist es mit allem. Auch die Liebe kann nur klein sein, wenn man sie klein *macht*. Aber warum sollte man das tun? *Will* man nicht wirklich lieben?

Wenn *ich* meine große Liebe treffe, dann werde ich so glücklich sein, dass die ganze Welt um mich herum leuchten wird. Und anders kann man gar nicht lieben – denn dann ist man nur zu bedauern.

Nachwort

„... dass die ganze Welt um mich herum leuchten wird'.

Das Mädchen sieht seine eigene Schönheit nicht – die grenzenlose Schönheit seiner eigenen Seele. Die Welt um das Mädchen herum leuchtet *immer*. Denn das Mädchen ist die sanfte Trägerin einer wahrhaft, einer zutiefst lebendigen Seele. Das Mädchen hütet das LEBEN, in seiner Seele und seinem Herzen ist es eine Wahrheit. Und das Mädchen weiß es nicht einmal, gerade das ist seine tiefe Unschuld.

Wir aber können es wissen – und uns von seinem Wesen berühren lassen, so sehr, so tief, so grenzenlos, dass auch unsere Seele dieses Leben wiederfindet. Tief und grenzenlos, wie das Mädchen...

*

Und damit sind wir an ein Ende gekommen. Ganz gewiss war dieses Büchlein in *anderer* Weise ein ‚Diagnostikum', als es die meisten Leserinnen und Leser erwartet haben dürften. Das macht jedoch nichts. Wichtig ist nur, dass es jede Seele verwenden kann, *um* zu spüren, wo sie in Bezug auf das, was auf diesen Seiten entfaltet wurde, steht. Und auch zu spüren, was auf ihnen als das LEBEN der Seele versucht wurde, erlebbar zu machen.

Ich bin mir bewusst, dass sehr viele Menschen dies auch nach der ‚Lektüre', wenn sie dieses Buch nun aus der Hand legen – sofern sie bis hierhin durchgehalten haben –, nicht wirklich ernst nehmen werden. Auch darauf kommt es vielleicht nicht einmal an, sondern zunächst nur darauf: dass es ihnen einmal *begegnet* ist. Auch wenn sie ihre Grenzen sofort wieder gezogen haben. Aber es ist ihnen einmal begegnet. Eine solche Begegnung kann entscheidend bleiben ... und möglicherweise ihre Früchte sogar erst im Leben nach dem Tod zeigen.

Wenn man von dem LEBEN spricht, geht es manchmal um größte Zusammenhänge. Man kann nicht erwarten, dass Seelen der heutigen Zeit, deren Leben derart korrumpiert ist – von den gesamten Verhältnissen dieser Zeit –, durch ein Buch sogleich völlig verwandelt werden. Aber sie begegneten einer Wahrheit. Sie begegneten einem Weg. Und sie begegneten, wenn auch kurzzeitig, dem LEBEN selbst. Schon das allein hat seinen Wert in sich. Was daraus wird, ist offen – so offen wie das Leben selbst.